성공하는 경쟁입찰 프레젠테이션

한 명만이 선택되는 입찰 수주에서

성공하는 경쟁입찰 프레젠테이션

비드리머 지음

산지
SANJI

"프레젠테이션과 경쟁입찰 프레젠테이션은 다른 건가요?"

많은 사람들이 물어봅니다. 전문 프리젠터 활동을 한 지도 어느덧 10년, 기업교육 회사를 운영하면서 프레젠테이션 교육과정을 진행할 때 가장 자주 받는 질문입니다.

사실 프레젠테이션은 우리에게 익숙합니다. 서점에 가도 관련 저서를 많이 찾아볼 수 있죠. 하지만 경쟁입찰 프레젠테이션은 생소하게 느껴집니다. 기업 비즈니스 영업활동의 일환이기 때문이죠. 그러다 보니 일반적인 프레젠테이션과 다를 수 밖에 없습니다. 파워포인트를 사용해서 발표하는 것은 동일하나 일반적인 동기부여 발표나 정보 전달 발표가 아닌 기업의 영업활동을 제안서로 만들어 발표 하기 때문인입니다.

당연히 '졌잘싸 (졌지만 잘 싸웠다)'라는 말도 통용되기 어렵습니다. 1등으로 우선협상대상자가 되지 않는 이상 2등은 의미가 없으니까요. 그래서 정성평가, 정량평가, 가격평가까지 경쟁사를 이기기 위한 전략적인 제안이 필요합니다.

그래서 일반 프레젠테이션과 다르게 경쟁입찰 프레젠테이션을 '전쟁터'라고 표현하기도 합니다. 총, 칼 없는 전쟁터에서 하나의 과업을 두고 많은 경쟁사들이 모여 '우리 제안이 가장 효율적'이라며 제안사의 역량을 잘 표현해야 하는 자리입니다.

이 책을 펼쳐 본 분들이 경쟁입찰 프레젠테이션을 준비하거나, 프리젠터가 되고 싶으시다면 잘 선택해주신 것이라고 말하고 싶습니다. 경쟁입찰 프레젠테이션의 프로세스나 이기기 위한 준비사항, 전략 짜는 법들까지 이 책 내용에 모두 담았습니다. 프레젠테이션과 경쟁입찰 프레젠테이션의 확연한 차이를 알게 될 것입니다.

경쟁입찰 프레젠테이션 전문가들이 모여 모든 노하우를 쏟아넣으려고 노력했습니다. 이 책을 통해 입찰 발표의 세계를 더욱 깊이 있게 알아갈 수 있을 것입니다.

㈜비드리머 대표 최현정

목차_ CONTENTS

꿈을 꾸는 사람을 응원합니다. Be, Dreamer!

최현정

㈜비드리머 대표
식음 전문기업 아워홈 전문 프리젠터 (3년)
전시문화기업 O사 전문 프리젠터 (7년)
전시문화기업 B사 전문 프리젠터 (3년)
전시문화기업 I사 전문 프리젠터 (2년)
비상설 전시기업 J사 전문 프리젠터 (5년)
CJB청주방송(청주SBS) 라디오 출연

경쟁입찰 프레젠테이션에 임하는
프리젠터로서의 자세

1. 경쟁입찰 프리젠터로서의 자세

경쟁입찰이란?

경쟁입찰 프레젠테이션이라고 하면 '나에게는 생소한데?'라고 생각하는 사람이 많다. 하지만 생각보다 경쟁입찰 프레젠테이션은 우리 일상 가까운 곳에 접해 있다.

대부분의 기업이 B2B 영업활동으로 입찰을 진행하고 해당 입찰에 대한 제안을 발표한다. 그래서 경쟁입찰 프레젠테이션은 쉽게 말해 기업 활동의 일환이라고 할 수 있다. 회사의 제품이나 서비스를 판매하기 위한 하나의 창구인데, 제품이나 서비스의 판매는 기업과 소비자 간에만 이루어지는 것이 아니라 기업과 기업 간에 이루어지는 경우도 많기 때문이다.

실제로 내가 몸담았던 식품업계나, 전시문화업계, 교육업계, IT업계, 자산관리업계를 비롯해 다양한 기업 간 거래가 경쟁입찰 프레젠테이션을 통해 진행되고 있다.

고객사가 원하는 니즈를 입찰공고로 띄우면 참여하고자 하는 업체들은 프레젠테이션 발표를 통해 자신의 제품이나 서비스를 돋보이게 만들어 보여준다고 생각하면 쉽게 이해될 것 같다. 그러한 경쟁입찰 프레젠테이션의 프로세스를 이번 장을 통해 간략하게 소개해보고자 한다.

경쟁입찰 프레젠테이션의 프로세스 1_ 제안서 기획

입찰 공고가 뜨면 해당 공고에 참여하고자 하는 기업들은 공고에 맞춰 제안서를 준비한다. 제안서를 본격적으로 준비하기 앞서 현장설명회에 참여하게 된다. 공고를 낸 고객사가 공고를 보고 참여를 원하는 기업들을 초대해 공고에 대해 안내하는 자리가 바로 현장설명회이다.

경쟁은 현장설명회에서부터 시작된다. 현장설명회는 무작정 설명만 듣고 나오는 자리가 아니다. 현장설명회에서부터 전략을 짜기 시작해야 한다.

예를 들어 현장설명회에서 공고에 대해 안내를 한 후 제안에 참여하는 제안사들의 질의를 받는 시간이 있다. 이때 많은 영업 담당자들이 유리한 전략을 짜기 위해서 여러 가지 질문을 한다.

"야외 콘텐츠까지 제안을 드려도 되나요?"

"운영인력 채용에 있어 OO방법을 활용해도 되나요?"

경쟁사들이 하는 질문을 메모하다 보면 경쟁사의 전략이 드러나는 경우를 꽤 자주 볼 수 있다. 따라서 우리가 궁금한 것을 물어보는 자리라기보다는 제안에 참여하는 다른 경쟁사들의 의도를 파악하는 자리로도 활용하는 것을 추천한다.

이렇게 현장설명회에 다녀온 다음, 제안 참여 여부를 내부 회의를 거쳐 결정한다. 만약 참여하기로 결정했다면 이때부터 제안서 기획이 시작된다.

제안요청서(Request For Proposal: RFP)를 샅샅이 살펴보고 고객사가 원하는 제안에 당사만의 차별화 전략을 더해서 본격적으로 제안서를 작성하게 된다.

입찰 프레젠테이션의 프로세스 2_ 제안서 작성

제안에 참여하기로 했다면 당연히 이기기 위한 제안서를 작성해야 한다. 제안요청서나 과업지시서에 있는 내용뿐만 아니라 고객사의 진짜 니즈를 파악할 수 있는 전략을 짜야하는 것이다.

이때 조달 입찰과 기업 입찰에 따라 고객사의 니즈도 달라질 수 있다. 예를 들어, 조달청을 통해 입찰을 진행하는 경우 공평성을 위해 조달청에서 심사위원을 섭외해 평가를 진행한다. 이 경우 제안 관련 이해관계자가 없으므로 객관적인 평가가 가능하다. 그렇기에 무조건 저렴한 가격의 제안이 채택되는 것만은 아니다. 평가위원별로 제안서 각 영역을 공정하게 평가하게 된다.

물론 이때도 비공식적 영업활동이 몰래 이루어지기도 한다. 그러나 평가위원들을 대상으로 하는 영업은 철저히 금지하고 있고, 이러한 불법적인 행동이 발각됐을 시 향후 입찰 참여에 제한을 두고 있다.

만약 기업 입찰이라면 평가위원들이 보통 해당 기업의 임직원이 된다. 상황에 따라 다르겠지만, 일반적으로 회사의 임직원이 평가한다면 키맨(key man)이 누가 될까? 큰 액수의 입찰일수록 회사의 오너나 CEO가 될 가능성이 크다. 따라서 이러한 의사결정권자가 원하는 방향으로 제안서를 작성하는 센스가 꼭 필요하다.

이렇게 전략을 짠 다음에는 제안서와 별도로 PT 발표용 자료를 만들게 된다. 제안서로 발표해야 하는 규정이 있다면 작성된 제안서를 그대로 발표 자료로 활용하지만 혹시라도 발표용 자료를 만들 수 있다면 꼭 PT 발표용으로 자료를 준비하는 것을 추천한다. 제안서는 텍스트 크기도 작고 한 장에 너무 많은 내용을 담기 때문에 발표용 자료로서 가독성이 없기 때문이다.

발표할 때 많은 평가위원들이 발표자나 화면을 보기보다는 앞에 놓인 제안서를 뒤적거리면서 발표를 듣게 되는데 이는 좋은 발표 상황이 아니다. '난 발표가 들리지 않으니까 듣지 않겠다. 대신 내 앞에 있는 자료로 이 발표를 이해해보겠다'라는 표현이기 때문이다. 이런 발표는 굳이 발표자가 있을 의미도 없다.

따라서 나는 제안서로 발표할 때 발표 멘트에 '대화체'나 '1인칭 시점으로 이야기 형식 전달 방법'을 적용해 발표를 듣고 싶도록 생생하게 만들려고 노력한다. 굳이 제안서로 발표하지 않아도 된다면 PT 발표용 자료를 만들어 슬라이드마다 발표자가 강조하는 내용과 일치하도록 가독성을 높이는 것이 좋다.

입찰 프레젠테이션의 프로세스 3_ 발표 준비

자, 이제 발표용 자료를 만들었다면 실전 발표를 앞두고 발표자의 어깨가 무거워질 차례다.

이때 발표자가 요청해야 할 사항이 있다. '이틀 전에는 수정하지 않기'이다. 아무리 발표를 잘하는 사람이라도 하루에 수십 번씩 자료가 수정되고 윗사람의 지시에 따라 전략이 바뀐다면 좋은 발표를 할 수 없다. 10년 이상 입찰 발표를 해왔던 내 경험상 제안에 대해 '사공이 많을수록 배는 산으로 가게 된다.'

사람들은 성향이 다르고, 물론 취향도 다르다. 좋은 전략에 대한 생각도 사람마다 다를 수 밖에 없다. 그렇기 때문에 전체적인 틀을 잡았다면 발표를 얼마 앞두지 않은 시점에서 절대 제안의 큰 기둥을 변경하면 안 된다. 실제로 한 임원이 "왜 이 내용이 빠졌나? 이거 넣어"라고 말하고, 또 다른 임원이 "이거 넣으라고 했다고? 그럼 이것도 넣어"라고 요구하면서 제안의 컨셉과 전략이 모두 흐트러져 엉망인 발표를 하게 되는 경우도 안타깝지만 꽤 자주 보고있다.

따라서 발표자는 '수정 없이 오롯이 연습할 시간'을 확보하는 것이 중요하다. 쉽지 않다는 것을 알지만 그래도 연습할 시간을 확보해야 한다. 그렇기에 발표 멘트는 미리 작성해서 하루라도 빨리 보고해야 하고, 보고 후 수정사항이 발생했다면 최대한 빠르게 수정사항을 적용해야 한다.

발표자는 발표 대본을 작성하여 연습하는 것이 좋다. 왜 발표 대본을 작성해야 하는지 의아해 하는 분도 있을 것이다. 일반적인 발표와 다르게 제안 발표는 우리 팀원 모두의 생각을 담는 것이기 때문에 발표에 대해 오류가 없는지 확인하는 작업이 필요하다. 그래서 나는 제안서 초안을 받자마자 발표 대본을 작성해 모든 팀에 공유하고 수정사항을 받는다. 그 이후 리허설을 하면 발표 직전에 많은 수정사항이 나오는 것을 방지할 수 있기 때문이다.

발표자가 발표를 어떻게 할 것인지 미리 팀원들에게 공유하지 않으면 발표 전날 모두의 의견을 수렴하고 수정을 거듭하면서 어마어마한 스트레스를 받게 될 것이다. 따라서 제안서 작업이 촉박해도 충분한 수정 시간과 연습 시간을 확보하는 것이 중요하다. 보통 제안 발표 일주일 전이나 빠르면 5일 전에는 제안서를 제출하는 것을 감안해야 한다.

발표 멘트에 대한 수정이 끝나고 발표 리허설을 할 때는 최대한 현장과 동일한 상황에서 연습하는 것을 추천한다.

이때는 발표 대본을 외운다는 생각을 버려야 한다. 대본을 앵무새처럼 따라 읽는 발표는 진정성이 없기 때문이다. 전체 흐름이나 맥락은 그대로 가되 자신의 입말에 맞도록 변경하는 것이 좋다.

PPT로 만든 발표 자료를 A4용지 한 장에 네 면이 나오도록 출력해서 간단한 메모와 함께 사용하면 좋다. '내가 이해한 대로 잘 설명해야지'라는 생각으로 대화하듯이 발표해야 전달력이 살아난다. 출력한 슬라이드를 보면서 키워드 중심으로 슬라이드 마다의 사이를 이어주는 것이 좋다.

이러한 발표가 이해한 대로 설명하는 것이기 때문에 딱딱하게 국어책 읽 듯이 하는 발표보다 훨씬 더 평가위원에게 잘 전달될 수 있다.

발표 연습은 제안에 대한 일방향적 발표로 끝나서도 안 된다. 제안 발 표보다 중요한 것은 예상 질의에 대한 준비이다. 우리에게 유리한 것만 발표할 수 있는 제안 발표와 달리 질의응답은 우리에게 불리한 것들을 공 격당하는 순간이다. 우리의 약점을 중심으로 예상 질의를 30개 이상 준 비하고, 이에 대한 답변을 미리 팀원들과 함께 전략적으로 준비하는 것 도 필승의 기본 자세라고 할 수 있다.

2. 경쟁입찰 프리젠터로서 필수 역량

입찰 발표를 하는 전문 프리젠터?

전문 프리젠터를 한마디로 표현하면 스토리를 입히는 직업이라고 생 각한다. 똑같은 제품도 더 매력적으로 보이기 위해서는 스토리텔링이 필 요하다. 상품을 잘 판매한다는 공통점만 놓고 본다면 쇼호스트와 비슷하 다고 생각할 수도 있겠다. 다만 일방향 소통이 아닌 쌍방향 소통이라는 차이는 존재한다.

전문 프리젠터들은 심사위원 앞에서 직접 발표를 진행한다. 쇼호스트와 달리 실제 청중이 존재하기 때문에 청중의 반응을 살펴야 한다. 심사위원의 눈짓과 반응을 놓치지 않고 계속해서 집중을 유도해야 한다.

또한 발표에 앞서 고객사의 니즈를 파악하는 과정을 세심하게 거친다는 점도 다르다. 현장을 둘러보고, 담당자와 꾸준히 연락하면서 수정사항이 생기면 그에 맞게 전략을 바꾸는 것도 프리젠터에게 필요한 역량이다.

발표할 때는 제품뿐만 아니라 회사의 장점도 어필해야 한다. 우리 회사만이 할 수 있다는 이유를 계속적으로 전달하여 수주의 확실성을 높여가는 일이 전문 프리젠터의 기본 자세이다.

프리젠터의 역량을 키우는 가장 중요한 요소 1_ 진정성

그러한 의미에서 봤을 때 프리젠터로서 가장 중요한 역량은 진정성이다. 다른 사람의 이야기를 틀리지 않고 예쁘게 발표하는 것이 아니다. 제안을 주인공으로 생각하고 우리 제안이 가장 훌륭하다는 마음으로 나의 감정을 넣어서 진정으로 발표에 임해야 한다.

실제로 나는 이 진정성의 중요성을 알지 못해서 크게 혼이 난 경험이 있다. 아나운서 활동만 하다가 첫 경쟁입찰 발표를 맡게 되었을 때였다.

'난 아나운서도 했는데! 진짜 잘하는 발표가 무엇인지 보여줘야지!'

나는 발표를 멋지게 하면 좋은 결과를 가져올 것이라고 생각했다. 그런 나의 생각은 발표가 끝나자마자 와장창 무너졌다.

"네가 한 것은 제안 발표가 아니야! 공주병이니?"

발표가 끝난 직후 팀장님께 들은 피드백이었다. 나는 그 당시 안 틀리고 하는 발표가 가장 좋은 발표라고 생각했다. 하지만 제안 발표에서 가장 중요한 것은 '진정성'이다. 조금 틀리고 버벅대더라도 '이 제안이 가장 좋은 제안임이 틀림없습니다'라는 확신과 사명감을 보여줘야 하는 것이다. 그러려면 발표에 감정을 넣어야 한다.

제안 발표는 정보의 전달이 전부가 아니다. 제안을 만든 기획자의 마음으로 '왜 당사의 제안이 좋을 수 밖에 없는지', '당사의 차별화 전략이 왜 고객사에 딱 필요한지' 등을 마음으로 전달해야 한다. 바로 이 진정성의 유무가 아나운서 출신인 내가 간과한 부분이었다.

제안 발표는 발표자가 주목받는 스피치가 아니다. 평가위원에게 우리 제안을 잘 이해시킨 후 설득까지 할 수 있는 스피치가 제안 발표에 어울리는 스피치인 것이다. 그래서 나는 제안 발표를 할 때 예쁜 미소를 짓지 않는다. 표정으로 제안을 말하고, 제스처로 제안을 전달하면서 세상에서 우리 회사의 제안을 가장 사랑하는 사람으로 발표하려고 노력한다.

프리젠터의 역량을 키우는 가장 중요한 요소 2_ 전달력

지금까지 프리젠터의 마음가짐에 대해서 이야기했다면, 이제는 기술적으로 어떻게 하면 전달력있게 발표할 수 있을까를 말해 보겠다. 역시나 경험을 토대로 직접 파악한 방법들인데, 쉽게 말하면 제안의 발표를 스토리텔링화 시키는 방법이라고도 할 수 있다.

1. 대화체를 넣자

먼저 대화체를 넣으면 말에 생동감이 살아난다. 제안에 있어 유사 실적을 이야기할 때 기존 담당자의 말을 대화체로 넣기도 하고, 콘텐츠를 설명할 때 콘텐츠를 사용하는 고객 입장에서 독백을 대화체로 적용하기도 한다. 그 순간만큼은 대화체로 인해 저절로 이야기 구조가 성립하게 되기 때문이다. 실제로 역사 예능을 보면 실력 있는 강사들이 대화체로 이야기를 이어가는 경우가 있는데 스토리텔링에 어울리는 대화체의 매력 때문이라고 생각한다.

2. 구체적인 표현을 하자

구체적인 표현도 마찬가지이다. 우리들이 가장 잘하는 표현은 "좋아요" "최고예요" 등의 어느 제안에나 붙여도 말이 되는 표현들이 많다. 하지만 적어도 제안의 핵심을 강조할 때는 우리 전략만을 수식해줄 수 있는 구체적인 표현이 필요하다.

"다음은 굉장히 좋은 제안입니다"가 아니라 "이번에 늘려드릴 저희 전략은 점심 시간마다 10분 이상 대기하시는 고객분들을 위한 획기적인 인테리어 방안입니다" 등으로 궁금증을 유발하면서도 고객사에 꼭 필요한 전략임을 어필해야 한다.

3. 앞장과 뒷장 슬라이드에 인과관계를 만들어주자

전달력을 위해 스토리텔링이 중요하다고 했는데 스토리텔링을 위해서 가장 중요한 것은 앞장과 뒷장의 인과관계이다.

성인의 집중력은 평균 3분인데, 재미있는 소설책을 읽거나 드라마를 볼 때는 2시간이 넘도록 집중하는 모습을 발견할 수 있다. 그 이유는 뒷이야기가 궁금하기 때문이다. 계속 읽고 싶어지게 만드는 소설이나 보고 싶어지게 만드는 드라마를 중간에 끊어내지 못하는 분들은 공감할 것이다.

"다음은 첫 번째 전략입니다", "이번에는 두 번째 전략입니다", "다음은 사업의 배경에 대해 말씀드리겠습니다" 등으로 슬라이드마다 인과관계 없이 딱딱 끊어지는 발표는 아무리 성인이라도 지루하다. 집중력의 한계를 시험하게 만드는 발표에 가깝다.

따라서 나는 입찰 제안 교육을 할 때마다 전체 슬라이드를 보고 인과관계를 엮어줄 수 있는 슬라이드들끼리 카테고리화하는 작업을 진행한다. 앞장과 뒷장만 부드럽게 이어져도 발표의 딱딱함이 많이 사라지기 때문이다.

물론 제안요청서나 과업지시서 순서대로 제안서를 작성해야 할 때도 있다. 그때는 전체 목차는 제안요청서와 과업지시서대로 따르되 각 구성 요소별 슬라이드 순서에 인과관계를 엮거나 우선순위별로 배열해 스토리텔링을 적용한다. 실제로 이렇게 수정해서 발표한 이후, 제안서 교육을 맡겨준 많은 기업들이 탄성을 하며 발표가 훨씬 부드러워졌다고 만족해하는 모습도 자주 경험하고 있다.

4. 1인칭으로 실제 경험하듯이 이야기하자

인과관계를 엮어주는 방법 중에 내가 가장 추천하는 방법이 있다. 내 강력한 한 방인데, 바로 어려운 기술을 이야기하거나 콘텐츠가 방대해서 나열식이 될 때는 1인칭 시점으로 발표해 보는 것이다.

예를 들어 100개의 콘텐츠를 각각 발표해야 한다면 발표자는 부담감을 느낄 수 밖에 없다. '발표하는 나도 지루한데, 듣는 평가위원은 얼마나 더 지루함을 느낄까?'라는 생각이 들기도 한다. 이때는 그 콘텐츠를 사용하는 고객의 입장에서 전달하면 또 다른 느낌을 자아낼 수 있다.

BEFORE: "먼저 로비부터 설명드리겠습니다. 로비에는 키오스크와 보관함이 위치해 있습니다. 키오스크의 기능은 ~ 보관함의 기능은 ~ 그리고 모니터영상은 ~ 사이니지에서는 ~."

AFTER: "그럼 지금부터 제가 실제 00에 방문한 고객이라고 생각하고 이야기해보겠습니다. 저는 오늘 00에 처음 온 방문객입니다. 하지만 어제 미리 홈페이지를 통해 예약했기 때문에 제 앞에 있는 키오스크에 문자로 받은 QR코드를 스캔해서 바로 입장 밴드를 부여받았습니다. 그리자 키오스크에서 '파란 화살표를 따라가세요'라고 안내 멘트가 나와서 그 방향으로 가니 오리엔테이션 공간이 화면과 같이 나타났는데요."

이렇게 발표자가 직접 체험하듯이 콘텐츠나 플랫폼의 기능을 설명하면 방대한 양의 내용도 이야기 흐름을 따라 재미있게 전달이 가능하다.

프리젠터의 역량을 키우는 가장 중요한 요소 3_ 디자인

디자인이라고 해서 파워포인트를 예쁘고 멋지게 만드는 디자인을 말하는 것이 아니다. 물론 파워포인트까지 제작을 잘하면 금상첨화의 발표자겠지만 모든 역량에 다 백점을 받기는 사실상 어렵다. 나는 중요한 디자인 요소로 '가독성'을 이야기하고 싶다.

발표 도구인 슬라이드를 떠올려보자. 텍스트가 빽빽하게 있고 발표자가 그 옆에서 발표 하고 있다면 어떨까. 발표 자료를 보고 눈이 침침해져 발표 자료 보기를 포기하게 될 것이다. 또한 발표자가 하는 멘트를 발표 자료에서 쉽게 찾지 못해 발표 듣기 자체를 포기하게 된다.

평가위원들은 발표자를 바라보지 않고 책상 위 제안서만 보게 되면서 제안 발표와 상관없이 서류로만 제안을 이해하는 경우가 생긴다.

따라서 자료를 제작할 때는 자료의 가독성을 가장 잘 살려내야 한다. 자료를 만드는 사람이 제안서에서 당사의 핵심 전략이나 중요한 정보를 가독성있게 잘 표현했다면 당연히 발표자가 중요한 내용을 이야기할 때 디자인과 발표 멘트가 일치할 것이다. 평가위원 입장에서는 발표를 듣기가 더 쉬워진다.

따라서 예쁜 디자인이 최고가 아니라 발표자가 강조하는 멘트를 쉽게 발표 자료에서 찾아볼 수 있는 자료가 가장 좋은 디자인이다.

3. 경쟁입찰 프리젠터가 되는 방법

입찰 프리젠터 공채?

슬픈 이야기지만 프리젠터에 대한 공채는 잘 일어나지 않는다. 보통은 제안에 대해 가장 잘 아는 담당자가 발표를 하는 일이 일반적이기 때문이다. 따라서 발표만 전문적으로 하는 전문 프리젠터를 구하는 회사가 많지 않다.

그럼에도 불구하고 입찰을 통해 기업의 영업활동을 많이 하는 기업들은 전문적으로 발표를 잘 할수 있는 사람을 프리젠터로 고용해서 키워나가고자 한다. 그럴 때 공채를 통해 기업의 정규직으로 들어가는 것도 좋고, 해당 회사에 취업해서 자신이 좋아하는 직무를 선택한 다음 입찰 발표를 잘할 수 있다고 어필하는 것도 프리젠터가 되는 방법 중의 하나이다.

최근 일회성으로 발표하는 프리젠터는 많이 사라지는 추세이다. 제안 요청서에 회사 내부 직원으로 제한하는 경우가 많기 때문에 4대보험에 가입되어 있지 않으면 발표를 못 하는 상황이 발생한다.

나 역시 '전문 프리젠터'라는 수식어는 해당 제안을 기획한 사람처럼 발표하는 사람에게 붙여져야 한다고 생각한다. 업체에서 적어준 발표 대본을 그대로 읽어내려가는 발표자에게 전문 프리젠터라는 이름을 붙이고 싶지는 않다. 전문 프리젠터가 되려면 기업에 취업해서 정식으로 회사에 대해 배우고 이해하고 고찰하는 시간을 거친 후 마음을 담아 진짜 멋진 제안 발표를 할 것을 추천한다.

발표를 잘하는 사람의 특징

노력 없이 발표를 잘하는 방법은 없다. 발표에는 화법이나, 음성 강조법, 동선, 아이콘택트 하는 법 등의 기술도 존재한다. 하지만 정말 진솔하게 발표를 잘 하기 위해서는 기술이 아닌 내면부터 변화를 줘야 하기에 노력과 시간이 필요하다.

청중 앞에서도 긴장하지 않는 용기가 필요하고, 실제 자신감에서 나오는 여유로운 미소도 있으면 좋다. 또한 갑자기 단어가 생각나지 않는 경우가 없도록 유사 단어 능력도 키우고, 논리적인 문장을 만드는 습관을 가지는 것도 필요하다.

이런 능력 있는 프리젠터들의 특징이 있다. 바로 경험이 많다는 것이다. 유치원 때부터 발표를 즐겼거나 조별 발표를 자주 했다거나 대학교 방송부를 경험하는 등으로 말하는 연습을 자주 해왔기 때문에 발표를 잘

할 수 있는 것이다. 경험은 절대 배신하지 않는다.

말 잘하는 프리젠터가 되기 위한 일상 연습법

부끄럽게도 나는 어려서부터 발표를 잘하는 사람이 아니었다. 발표하는 상황이 오면 도망치기 바빴다. 그럼에도 불구하고 중학교 때부터 내 꿈은 아나운서였다. 그리고 그 꿈을 이루기 위해 '경험노트'와 '명언노트'를 만들며 노력했다.

경험했던 여러 가지 에피소드들을 카테고리화해서 적어두고, 책이나 TV에서 좋은 글귀를 찾을 때면 항상 메모해두었다. 그러다 보니 스피치 요청이 들어올 때마다 주제에 어울리는 에피소드나 명언들을 생각해내면서 당황하지 않고 말을 할 수가 있었다.

아나운서를 준비할 때도 뉴스앵커, MC, DJ 등 각 역할들을 연습하면서 이 노트들을 톡톡히 활용했다. 일례로 무려 15년 전 내가 가장 많이 활용했던 좋은 글귀를 하나 소개해 보고 싶다.

"세상에는 가장 소중한 세 가지 금이 있다고 합니다.

첫 번째는 부와 돈을 상징하는 황금,

두 번째는 세상에 없어서는 안 될 소금,

그리고 세 번째는… 바로 '지금'이라고 합니다.

여러분은 지금 무엇을 하고 있나요?"

TV에 나오는 이런 글귀들을 메모해놓은 덕분에 아나운서 준비생 시절 친구들은 나를 아주 말 잘하는 사람으로 여겨주었다.

이렇게 자신이 좋아하는 명언은 외우고, 에피소드를 정리하는 습관을 일상 연습법으로 추천하고 싶다. 우선은 내 주변 일상 이야기부터 재미있는 이야깃거리로 만들어보자. 그것이 내가 생각하는 발표 전문가들의 공통점이다.

같은 말도 다르게, 뻔한 표현은 새롭게!
당신의 말을 Re-design합니다.

최 란

커뮤니케이션 전문 강사
삼성, 웅진 CJ, KB, 현대, TOSS 등 출강
現 경북대학교 겸임교수 '창업마케팅과 스피치'
現 전시디자인기업 B사 입찰 프리젠터
前 청운대학교 겸임교수 '논리적 말하기'

경쟁입찰 프레젠테이션의 기본

이기는 발표를 위한 기획 레시피

1. 입찰 프레젠테이션을 위한 재료 수집 전략

1등만이 살아남는 치열한 입찰의 세계. 여러 분야의 입찰 프레젠테이션의 발표자로 서면서, 이기는 프레젠테이션은 그 시작이 다르다는 것을 깨달았다. 너무나 당연하지만 입찰의 결과는 단순히 프리젠터의 발표력만으로 결정되지 않는다. 고객사의 숨은 요구를 파악하는 영업력, 경쟁사와 차별화된 메시지를 개발하는 기획력에 좋은 발표가 더해질 때 수주에 가까워질 수 있다.

모든 발표가 그렇듯 입찰 프레젠테이션은 재료를 선정하는 일부터 시작된다. 질 좋은 재료가 훌륭한 요리의 기본인 것처럼, 브레인스토밍(brainstorming) 단계에서 어떤 이야깃거리를 뽑아내느냐에 따라 발표의 성패가 달라진다.

기획 초기 단계에서 고객사가 원하는 바를 얼마나 성실히 파악했는지, 경쟁사 대비 강점을 얼마나 잘 찾아냈는지가 관건이다. 이를 프레젠테이션 흐름에, 디자인에, 발표에 효과적으로, 그리고 일관성 있게 잘 녹여냈을 때 성공적인 입찰 프레젠테이션이 가능하다.

그렇다면 수주를 위해 어떤 자료를 수집해야 할까?

상대가 듣고 싶은 이야기는 무엇인가_ 고객사 니즈 파악

모든 커뮤니케이션이 그렇다. 내가 하고 싶은 말들로 시간을 채우는 사람이 있고, 상대가 무엇을 원하는지 상대의 성향은 어떠한지 파악하고 전략적으로 소통하는 사람이 있다. 우리는 모든 자극에 동일한 주의를 기울이지 않기 때문에 상대가 듣고 싶은 이야기에 집중하는 것은 설득에 큰 도움이 된다.

초보 세일즈맨은 제품에 대한 일방적인 소개(내가 하고 싶은 이야기)에 열을 올리지만, 베테랑 세일즈맨은 먼저 고객에게 묻는다. 왜 매장을 찾았는지, 다른 상품은 살펴보았는지, 선호하는 스타일은 무엇인지…. 그리고 그들이 진짜 궁금해하는 것(상대가 듣고 싶은 이야기)에 집중한다.

아무리 열심히 준비한 이야기여도, 아무리 좋은 말이어도 상대가 관심 없다면 무가치한 것이 된다. 그런데 입찰 프레젠테이션 컨설팅이나 발표를 진행하다 보면, '내가 하고 싶은 말' 중심으로 구성된 프레젠테이션을 자주 보게 된다. 우리 회사는 이런 이력이 있다, 이걸 잘한다는 일방적 주장만 있는 프레젠테이션이다. 이런 발표는 절대 사람들의 마음을 움직이지 못한다.

취업을 준비하는 학생들이 자기소개서를 작성하는 상황을 떠올려 보자. 이때 반드시 피해야 하는 것이 'Ctrl C+Ctrl V' 방식으로 자소서를 작성하는 것이다. 그러나 많은 취준생들이 시간이 부족하다는 이유로 기존의 자소서를 짜깁기해서 여러 회사에 지원서를 내곤 한다. 항목에 맞춰 내 강점들을 잔뜩 나열했지만, 회사 입장에서는 전혀 매력적이지 못한 자소서가 된다. 회사가 원하는 이야기가 없기 때문이다.

합격하는 자소서를 쓰기 위해서는 회사가 어떠한 비전을 가지고 있는지, 요즘 어떤 사업에 중점을 두고 있는지, 인재상이 어떠한지 충분히 조사하고 그에 맞춰 내가 적합한 지원자임을 어필해야 한다.

하물며 1등만이 살아남는 입찰 프레젠테이션의 세계에서는 더욱 그렇다. 제안요청서(RFP: Request For Proposal)를 깊이 분석하고, 고객사 영업 등 다양한 방법을 통해 그들이 원하는 것이 무엇인지를 제대로 들여다보아야 한다. 현재 가지고 있는 문제는 무엇인지, 어떤 부분을 개선하고 싶어 하는지, 이 사업은 어떤 가치가 있는지, 관계자들이 중요하게 생각하는 포인트는 무엇인지 살펴보는 것이다.

먼저, 그들의 공개적인 요청을 통해 드러난 겉요구를 충분히 파악해야 한다. 비슷해 보이는 제안요청서 안에도 저마다 다른 니즈가 녹아있다. 배점 구성을 살펴보면 어떤 요소를 중요하게 평가하는지 알 수 있고, 지나가는 말처럼 보이는 짧은 문구에서 그들이 가진 문제를 캐치할 수도 있다.

이처럼 각 항목의 내용을 충실히 담아내는 것에서 나아가, 그들이 현재 중요하게 생각하는 이슈를 파악하고 이를 제안 안에 녹여내야 한다. 예를 들어 지역을 상징하는 멋진 조형물을 디자인했어도, '모든 사람이 무리 없이 이용할 수 있는'이라는 문구 하나를 놓친다면 결과는 아쉬울 수밖에 없다. 고객사가 원하는 '유니버설 디자인'에 대한 답을 제시하지 못했기 때문이다.

이렇게 제안요청서를 통해 겉요구를 파악했다면, 이후에는 다양한 방법을 활용해 고객사의 속요구를 알아내야 더욱 차별화된 제안이 가능해진다.

모든 제안 요청에는 겉으로 제시된 요구뿐 아니라 숨겨져 있는 요구가 존재한다. 겉으로 드러난 것보다 감춰진 부분이 더 많은 빙산을 떠올리면 이해가 쉬울 것이다. 제안요청서만을 기반으로 한 제안은 전부 비슷비슷할 수밖에 없다. 때문에 현재 운영 업체에 대해 고객사가 느끼는 아쉬움이나 직원들의 목소리, 키맨의 특성 등을 파악하는 작업이 반드시 필요하다.

예를 들어, 기존 운영 업체에 대해 고객사가 불만족스러워하는 부분을 캐치했다면 그 부분을 어떻게 개선할지 집중적으로 보여주어야 할 것이다. 반대로 기존 업체에 고객사가 만족하고 있다면, 경쟁사 대비 우리의 차별화된 강점을 강조하거나 기존 퀄리티를 유지하면서 새로운 것을 플러스하는 제안을 하면 효과적일 것이다.

이처럼 고객이 진짜 원하는 바를 우리의 제안에 부드럽게 녹여냈을 때 고객사는 '그래, 저게 우리가 원하던 거야!'를 느끼게 된다.

우리가 하고 싶은 이야기는 무엇인가?_ 경쟁사 대비 강점 파악

상대가 듣고 싶은 말을 정확히 파악했다면, 이제 우리만이 가지고 있는 강점, 우리가 하고 싶은 이야기를 고민할 차례다.

입찰 프레젠테이션 발표 자료를 살펴보면, 대부분 자사의 강점, 화려한 제안들로 가득하다. 사업 개요를 설명하고 회사를 소개하고 요청한 과업들을 어떻게 수행해나갈 것인지 성실하게 읊는다. 문제는 모두가 머리를 맞대고 밤잠을 설치며 만들어낸 결과물이지만, 경쟁사와 우리가 제안한 내용에 별 차이가 없다는 것이다.

입찰 프레젠테이션은 사업을 수행할 100점짜리 회사를 찾기 위한 작업이 아니다. 51점이어도 좋다. 타 회사에 비해 1점이라도 더 높은 점수를 받은 회사가 결국 수주한다. 때문에 '우리는 이것도 잘해요, 저것도 잘해요'를 나열하는 것보다 경쟁사 대비 강점에 포커스를 두는 것이 훨씬 효과적이다.

실제로 이러한 '대조 기법'은 우리의 강점을 눈에 띄게 만드는 데 도움을 준다. "저희가 이번에 출시한 콜라겐은 체내 흡수율이 정말 좋아요"라고 이야기하는 것보다 "우리 피부 좋아지겠다고 콜라겐 들어있는 음식들 많이 먹죠. 돼지껍데기, 닭발, 족발 같은 것들. 그런데 아시나요? 이런 동물성 콜라겐은 분자의 크기가 커서 몸속에서 흡수되는 비율이 2%밖에 되지 않습니다. 저희가 이번에 출시한 콜라겐은 해양성 콜라겐으로 이루어져 있어서 체내 흡수 비율이 84%나 됩니다. 계속해서 돼지껍데기 드시겠어요, 저희 제품 한번 드셔보시겠어요?"라고 이야기하는 것이 훨씬 효과적이다.

따라서 자사의 자랑거리를 찾기 전에 먼저 해야 하는 일은 경쟁사들의 장점과 단점을 파악하는 것이다. 경쟁사 대비 자사의 훌륭한 점은 대조를 활용해 고객사에 확실히 어필해야 한다.

많은 장점보다 경쟁사 대비 강점 하나가 우리를 선택해야 하는 이유가 될 수 있다. 경쟁사에 비해 부족한 부분이 있다면, 이는 타사를 선택해야 하는 이유나 질의응답 시 공격적인 질문이 될 수 있다. 그렇기 때문에 이 부분이 고객사에 물음표로 남지 않고 느낌표가 될 수 있도록 도와주어야 한다.

고객의 물음표를 느낌표로 바꿀 수 있는 좋은 방법은 새로운 프레임을 제시하는 것이다. 경쟁사에 비해 업체의 규모가 작다면, 고객사에서는 체계적인 운영에 대한 우려를 할 가능성이 높다. 이때 "타 업체에 비해 작은 규모인 것은 사실입니다. 저희는 그렇기 때문에 현장 중심의 운영, 이슈에 대한 발 빠른 대응이 가능합니다"라고 이야기할 수 있다. 이처럼 타사 대비 부족한 점을 미리 파악하는 것은 우리의 단점을 장점화시키는 데 도움을 준다.

우리가 하고 싶은 이야기를 우리 안에서만 찾지 말자. 경쟁사들의 장점과 단점을 리스트업 하고 자사와 비교하며 차별화 포인트를 뽑아내야 비슷한 제안들 사이에서 빛을 볼 수 있다. 이렇게 경쟁사를 이기는 메시지를 개발하는 것이 곧 수주 전략이 된다.

2. 결국, 어떤 메시지를 전달하고 싶은가?

지금까지 발표를 위해 어떤 재료를 사용할 것인지 고민했다면, 이제 이 재료를 활용해 어떤 요리를 만들지 메뉴를 결정할 차례다.

모든 일은 목표가 명확해야 방향이 바로 선다. 프레젠테이션을 기획할 때에도 먼저 큰 그림을 그리는 것이 중요하다. 프레젠테이션 전체를 관통하는 하나의 메시지(One point message)를 뽑아내는 작업이다. 그래야 한 쪽으로 기울어 있거나 전체적인 통일성이 없거나 중요한 부분이 누락된 엉성한 프레젠테이션을 피할 수 있다.

원 포인트 메시지는 상대가 듣고 싶은 이야기와 우리가 하고 싶은 이야기 사이의 교집합에서 찾으면 효과적이다.

차별화된 제안은 상대의 니즈와 우리가 잘할 수 있는 일을 연결하는 데서 시작된다. 고객사가 낮은 단가를 원한다면 퀄리티는 지키면서 단가를 낮출 수 있다는 것이 우리의 메시지가 된다. 고객사가 보다 퀄리티 높은 서비스를 원한다면 품질을 높이겠다는 약속이 우리의 메시지가 된다. 이처럼 고객의 요청에 대해 우리가 무엇(What)을 할 수 있는지가 곧 원 포인트 메시지다.

이렇게 원 포인트 메시지를 결정했다면, How에 대한 고민도 필요하다. 어떻게 그것이 실현 가능한지에 대한 구체적인 답을 주는 것이다. 단가를 낮출 수 있는 우리만의 시스템, 퀄리티를 높일 수 있는 우리의 노하우를 어필하는 것이 How에 대한 답이 된다. 이렇게 도출된 What과 How가 곧 우리만의 전략이다.

누군가가 한꺼번에 여러 개의 공을 동시에 던진다고 생각해 보자. 공의 개수는 많아도 패스의 정확도는 떨어질 수밖에 없다. 그보다는 하나의 공이라도 상대에게 맞춰 정성스레 던질 때 캐치가 훨씬 수월해진다.

메시지도 마찬가지다. 여기저기 분산된 이야기는 청중을 혼란스럽게 할 뿐이다. 그러나 우리는 프레젠테이션을 준비하며 욕심을 내게 된다. 많이 전달하면 하나라도 먹히지 않을까 기대를 하게 된다. 실제로 프레젠테이션 코칭을 하다 보면 가장 자주 발생하는 문제가 '버리지 못한다'는 것이다. 다 중요해 보이고 이걸 빼면 괜히 손해일 것 같은 마음이 든다.

이렇게 이것저것 다 담아내고 싶을 때, 가장 중요한 것 하나만 남기고 그 하나의 포인트에 집중하는 용기가 필요하다. 더하는 것보다 덜어내는 데 포커스를 두어야 임팩트 있는 프레젠테이션이 가능해진다.

결국, 우리가 전달하고 싶은 메시지는 무엇인가. 한 문장으로 정리해보자. 이것이 컨셉이 되고 흐름이 된다.

프레젠테이션 현장에서 15분짜리 이야기는 모두 이 하나의 메시지 안에서 움직여야 한다. 그래서 발표가 끝난 후 강력한 하나의 메시지를 청중에게 남길 수 있다면, 그것이 성공한 프레젠테이션이다.

3. 메시지 전달력을 높이는 재료 손질 전략

메뉴를 결정했다면 그에 맞는 재료 손질이 필요하다. 똑같은 당근도 메뉴에 따라 깍둑썰기, 채썰기 등 손질 방법이 달라지는 것처럼, 똑같은 정보도 어떻게 표현하느냐에 따라 그 가치가 다르게 전달되기 때문이다. 입찰 프레젠테이션 코칭이나 발표를 할 때 가장 많은 공을 들이는 부분이기도 하다. 우리 회사가 가지고 있는 장점들을 그저 나열하는 것보다, 가치를 부여하고 폴더화를 시키는 것만으로도 고객사에 좀 더 와닿는 제안을 하는 것이 가능해진다.

정보가 아닌 가치를 전달하기

모든 회사의 발표 자료는 자사의 강점들로 가득 차 있다. 그런데 가만히 살펴보면 회사 자랑은 가득한데 그래서 어쩌라는 것인지 고객사에 무엇이 좋다는 것인지 와닿지가 않는다.

설득의 기본 원칙은 상대가 원하는 것을 주는 것이다. 쇼호스트들이 물건을 판매하는 모습을 보면, 그들은 단순한 제품의 스펙을 나열하지 않는다. 보험상품을 판매할 때에는 안정적인 미래를 기대하게 하고, 옷을 판매할 때에는 모임에서 빛나는 내 모습을 상상하게 한다. 이 상품을 통해 고객들이 원하는 것을 충족할 수 있다고 말한다.

노트북을 구매하려는 상황을 가정해 보자. '가로 355, 세로 241, 두께는 16mm입니다'라는 정보는 우리에게 아무런 느낌도 주지 못한다. 한 귀로 듣고 한 귀로 흘러나가는, 의미 없는 숫자일 뿐이다.

프레젠테이션의 대가 스티브잡스는 데이터가 그 자체로 의미를 갖지 못한다는 것을 알고 있었다. 그래서 그는 애플의 신제품, 맥북을 소개하는 무대에 서류봉투를 가지고 올라갔다. 그 얇은 서류봉투에서 맥북을 꺼내 들자 객석에서는 함성이 터져 나왔다. 가로, 세로, 두께가 얼마나 되는지 그는 수치로 설명하지 않았다. 하지만 사람들은 이 제품의 가치를 느꼈다. '와, 엄청 슬림하고 가벼운 노트북이구나! 갖고 싶다!'

정보가 나열될 때 사람들은 비교하고 평가한다. '앞에 발표한 회사가 이 부분은 더 탁월하군', '첫 번째 발표한 회사랑 별로 다를 게 없군'.

그러나 가치가 전달되면 사람들의 반응은 달라진다. 머리가 아닌 가슴으로 받아들인다. 내가 얻게 될 실질적인 혜택(benefit)이 눈에 보이기 때문이다.

그렇다면 어떻게 정보들에 가치를 부여할 수 있을까. 가장 좋은 방법은 우리가 나열한 강점들에 'So What?(그래서 뭐?)'이라는 질문을 던져 보는 것이다.

정보: 시속 300km로 달리는 KTX. 서울에서 부산까지 단 두 시간이면 이동 가능!

 → So What? (그래서 뭐?)

가치: 그리운 마음이 시속 300km로 달려갑니다. 그리워하고 있다면 만나러 가세요!

'배치 구성원 모두 100% 직접 고용하겠습니다'라는 정보에 'So What?'을 던지면 '책임 있는 운영으로 인력 관련 이슈를 최소화할 수 있습니다'라는 가치가 나온다.

'저희는 자재를 구매할 수 있는 여러 협력 업체와 함께합니다'라는 정보에 'So What?'을 던지면 '복수 업체 중 비딩(bidding)을 통해 구매하기 때문에 한 업체와 계약을 맺은 곳보다 더 저렴하게 질 좋은 자재 구매가 가능합니다'라는 가치가 나온다. 이처럼 가치를 건드려 주는 것이 이기는 입찰 프레젠테이션을 위한 핵심이다.

〈어린왕자〉의 작가 생텍쥐페리는 '배를 짓고 싶다면 둥둥둥 북을 쳐서 사람을 모으지 말고 바다를 향한 강렬한 그리움을 깨워주라'고 말했다. 둥둥둥 북을 치는 것은 직접적인 정보를 나열하는 일이다. 바다를 향한 강렬한 그리움을 깨워주는 것은 사람들이 마음으로 가치를 느끼게 하는 일이다. 가치를 전달하면, 북을 치는 수고로움 없이도 사람들을 움직일 수 있다.

나열되어 있는 정보들에 'So What?'이라는 질문을 던져 보자. 단순한 자사의 자랑이 아닌 고객사의 입장에서 체감할 수 있는 가치가 나올 것이다.

폴더화와 네이밍

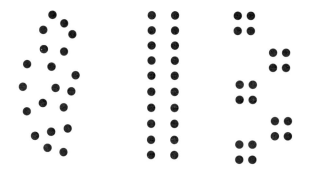

위 공의 개수를 세어보자. 모두 똑같이 스무 개로 이루어져 있지만 뒤로 갈수록 개수를 세는 일은 수월해진다. 마구잡이로 던져 놓은 공보다는 가지런히 정리를 해둔 것이, 그보다는 네 개씩 분류를 해둔 것이 한눈에 더 잘 들어온다. 이는 분류가 얼마나 중요한지를 보여준다.

프레젠테이션에서 메시지를 전달할 때에도 마찬가지다. 여러 아이디어들을 비슷한 것끼리 묶고(폴더화) 이름을 붙여주는 작업(네이밍)이 무척이나 중요하다. 이를 잘 해두면 우리가 전달하고자 하는 핵심이 훨씬 잘 들리고 오랫동안 기억되는 효과를 누릴 수 있다.

단, 폴더의 개수가 너무 많으면 메시지가 복잡해지기 때문에 '3의 법칙'을 기억하면 좋다. 예로부터 숫자 3은 넘치지도 모자라지도 않는 완벽한 숫자로 꼽혀왔다. 그래서 우리 주변을 둘러보면 '가위/바위/보', '상/중/하', '믿음/소망/사랑', '금메달/은메달/동메달'처럼 세 가지로 이루어진 것을 쉽게 찾을 수 있다.

말을 잘하는 사람들 역시 이 3의 법칙을 활용해 자신의 이야기를 전달했다. 링컨의 너무나 유명한 연설 '국민의, 국민에 의한, 국민을 위한 정부', 데일 카네기의 인간관계를 위한 조언 '한 번 말하고 두 번 듣고 세 번 맞장구쳐라' 등은 모두 3의 법칙을 따르고 있다.

자사의 강점, 우리의 제안 내용 역시 여러 가지를 나열하는 것보다 세 가지 폴더로 정리해 전달하면 훨씬 효과적이다.

세 가지로 분류했다면 이제 전달력을 높이기 위한 네이밍 작업을 할 차례다. 예를 들어, 제안 내용을 '집밥 같은 느낌의 식단', '메뉴 다양성', '스낵류 강화'로 전달하는 것보다는 '기본에 충실한 밥상', '골라 먹는 밥상', '간편한 밥상'처럼 '밥상'을 키워드로 통일성 있게 네이밍하면 임팩트가 생긴다. 이처럼 한번에 각인될 수 있는 폴더의 이름을 고민해 보길 바란다.

입찰 프레젠테이션은 제한된 시간 내에 최대의 전달 효과를 내야 하는, 목적성이 강한 커뮤니케이션이다. 목적이 분명할수록 주절주절 이야기하는 것보다 폴더화 시켜 이야기하는 것은 강력한 효과를 발휘한다.

우리가 전하고 싶은 메시지를 세 가지로 묶어보자. 그리고 이름을 붙여 주자. 많은 메시지는 하나도 기억하기 힘들지만, 정돈된 세 가지 메시지는 발표가 끝난 후에도 오랫동안 남는다.

4. 고개를 끄덕이게 되는 논리 전략

이제 잘 손질된 재료들을 가지고 본격적인 조리를 할 차례다. 모아둔 아이디어를 적재적소에 배치해 우리가 전달하는 메시지의 설득력을 높이는 단계라고 생각하면 된다.

좋은 프레젠테이션은 편안하게 들리면서 쉽게 수긍이 가야 한다. 청중의 머릿속에 '무슨 소리를 하는 거야?', '갑자기 저 이야기는 왜 튀어나온 거지?'하는 의문이 생기게 해서는 안 된다. 청중이 고개를 끄덕이며 따라오는 발표를 하기 위해서는 두 가지 논리 법칙을 따라야 한다. 바로 가로의 논리와 세로의 논리다.

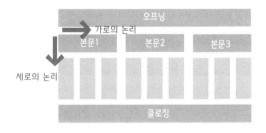

가로의 논리는 전체 슬라이드를 연결하는 논리를 말한다. 슬라이드와 슬라이드 간의 연결이 매끄럽고, 전체적으로 어떤 이야기를 하는지 명료하게 전달된다면 가로의 논리를 잘 따르고 있는 것이다.

세로의 논리는 각각의 슬라이드에서 메시지를 전달하는 논리를 말한다. 개별 슬라이드의 주장과 근거가 적절하고 분명한지에 대한 문제라고 생각하면 된다.

그럼 가로와 세로의 논리 전략을 어떻게 세우면 좋을지 살펴보겠다.

프레젠테이션 흐름을 만드는 가로의 논리

가로의 논리는 앞서 이야기했듯 프레젠테이션의 전체 흐름을 결정짓는 논리다. 이 가로의 논리가 잘 짜여져 있어야 발표에 몰입감이 생기고 내용이 쉽게 전달된다. 그런데 입찰 프레젠테이션을 코칭하다 보면, 이 가로의 논리를 고려하지 않고 평면적으로 구성한 경우를 자주 보게 된다.

"먼저 제안 개요입니다. 다음은 회사 소개입니다. 다음은 저희의 차별화 포인트입니다…."

평면적으로 구성된 프레젠테이션은 이처럼 진행되기 때문에 뒷이야기가 전혀 궁금하지 않다. 각 정보들이 파편처럼 여기저기 튀어 있는 느낌이고 그래서 말하고자 하는 바가 무엇인지 잘 전달되지 않는다.

내용 전체를 유기적으로 연결해주는 논리를 적용해 플로우를 다시 짜야 우리의 메시지를 입체적으로 전하는 것이 가능해진다. 물론 제안요청서의 항목 순서대로 발표해야 하는 제약이 있는 경우도 있다. 그럴 때에는 앞부분에서 가로의 논리를 적용해 메시지를 임팩트 있게 전달하고 디테일한 설명에 들어가거나, 각 항목에 가로의 논리를 더해 입체감을 만들 수도 있다.

다음은 입찰 프레젠테이션에 적용하기 좋은 가로의 논리들이다.

① As is – To be – How to

As is:

온라인의 발달과 코로나의 여파로 오프라인 매장에서 구매하는 고객의 숫자가 계속해서 감소하는 추세

To be:

고객들의 발길을 사로잡고 구매도 늘릴 수 있는 새로운 형태의 매장 필요

How to:

체험형 매장을 운영하며 고객의 관심도를 높이고, 개별 고객 맞춤 제품 추천을 통해 매장에서 지갑을 열도록 유도

② Why – What – How

Why:

도심과 동떨어져 있는 회사 위치 때문에 직원들의 맛집 방문 어려움

What:

매주 금요일, 스페셜 메뉴를 구성해 SNS에서 핫한 맛집 메뉴 선보일 예정

How:

본사의 메뉴 개발 센터를 통해 계속해서 신메뉴 개발

③ 문제제기 – 원인 – 해결방안

문제제기:

시 의원님들 대상으로 스피치 교육이 몇 차례 이루어졌으나 효과 미비

원인:

이론 중심의 교육, 특강식으로 이루어진 교육

해결방안:

이론과 실습의 비율을 3:7로 구성, 개별 코칭 비율을 높이기

주장에 신뢰를 더하는 세로의 논리

세로의 논리는 각 슬라이드의 설득력을 더해주는 논리다. 일반적인 프레젠테이션이 사실들을 나열하고 결론을 도출하는 형식이라면, 입찰 프레젠테이션은 보통 분명한 '주장'과 이 주장을 믿을 수 있게 만드는 '근거'로 구성된다.

예를 들어 '자사는 물류 운영을 효율적으로 할 수 있다'는 주장을 하는 슬라이드라면, '단순 창고 공간이 아닌 물류 관리에 필요한 모든 인프라

를 구축하고 있다'는 이유를 대고, 이를 뒷받침하는 근거로 물류창고 이미지를 삽입하는 형식으로 구성될 것이다.

설득력이 부족한 프레젠테이션의 경우, 주장만 있거나 근거가 적합하지 못한 경우가 많다. 통계자료, 연구결과, 사례 등 다양한 근거들을 활용해 이야기하면 신뢰도를 높이면서 지루하지 않은 프레젠테이션을 만들 수 있다.

각 슬라이드가 적절한 주장과 근거로 잘 짜여져 있는지 점검하고 싶다면, 'Why so?(왜 그런가?)'와 'So what?(그래서 뭐?)' 두 가지 질문을 던져보면 된다. 'Why so?'라고 물었을 때 아래 나오는 근거들이 자연스럽게 연결되는지, 'So what?'이라고 물었을 때 상위 메시지가 답이 되는지를 확인해보면 세로의 논리를 점검할 수 있다.

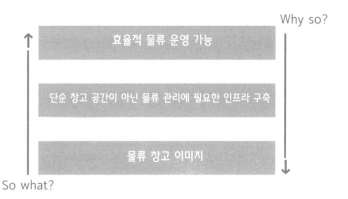

5. 완벽한 프레젠테이션을 위한 점검하기

이제 메시지가 완벽하게 구성되었는지 전체적으로 점검해 볼 단계이다.

이때 기준이 되는 것이 MECE(Mutually Exclusive & Collectively Exhaustive)이다. 제안요청서와 우리의 슬라이드를 비교하며, 서로 중복된 것은 없는지 전체적으로 누락된 것은 없는지 체크해 보는 것이다. 중복된 내용이 있는 경우, 짧은 발표 시간에 같은 내용을 반복하며 시간을 낭비하거나 비용을 낭비하는 문제가 생길 수 있다. 따라서 비슷한 내용이 여러 슬라이드에 반복적으로 나타난다면 이를 덜어내는 작업이 필요하다. 반면, 누락된 내용이 있으면 부족한 제안으로 소중한 기회를 잃을 수도 있기 때문에 반드시 꼼꼼한 점검이 필요하다.

MECE의 기준에 어긋나지 않게 모든 내용이 잘 포함되었다면, 다음으로 각 슬라이드의 존재 이유를 생각해볼 필요가 있다.

발표를 할 때 모든 슬라이드는 의미를 가져야 한다. 시간 관계상 건너뛰거나 무의미하게 삽입된 슬라이드가 있어서는 안 된다. 또한 우리의 컨셉이나 전체 발표 흐름에 어긋나는 슬라이드가 있어서도 안 된다.

이는 눈으로 점검할 때에는 잘 안 들어오는 경우가 많다. 때문에 발표 리허설을 하면서 체크해 보는 것이 좋다. 말로 풀어나갈 때 슬라이드 연결성이 부족하거나 생뚱맞게 보이는 내용이 있다면 이 부분을 수정하면 된다.

처음부터 완벽한 글이 없는 것처럼, 처음부터 완벽한 기획도 없다. 덜어내고 순서를 바꾸는 작업을 반복하다 보면 각자 분명한 존재 이유를 가진 슬라이드들이 모두 자연스럽게 연결되는 시점이 온다. 드디어 고객사의 마음을 움직일 우리의 이야기가 탄생한 것이다.

Fail better try again,
도전과 배움 속에서 성장하는 멘토, 황숙민입니다.

황숙민

베럴미스피치 대표
ANS컨설팅 스피치 강사
경기소방학교 외래교수
대한항공 승무원

선택받는 발표는 컨셉이 다르다
경쟁입찰 컨셉잡는 방법

1. 컨셉, 팩트(Fact)가 아닌 임팩트(Impact)

"노인은 코크를 마시고, 젊은이들은 펩시를 마신다."

펩시를 지금의 자리로 올려놓은 결정적 컨셉이다.

음료 최강 라이벌 하면 코카콜라와 펩시를 떠올린다. 그러나 펩시가 처음부터 코카콜라와 어깨를 나란히 할 수 있었던 것은 아니다. 독보적 1위, 코카콜라의 뒤를 이을 2위 자리 쟁탈전이 치열했던 시절이 있었다.

펩시는 어떻게 3위 이하의 경쟁사들을 저만치 따돌리고 코카콜라와 함께 쌍벽을 이루는 위치에 오를 수 있었을까?

함께 각축전을 벌이던 다른 회사 제품보다 훨씬 더 맛이 좋아서였을까?

펩시보다 맛있었던 콜라는 분명 존재했을 것이다. 왜냐하면 맛있는 순서로 시장 점유율이 매겨지진 않기 때문이다.

펩시콜라는 20만 번에 달하는 블라인드 시음 테스트를 통해 더 맛있는 콜라는 펩시라는 것을 입증했다. 그러나 판매 시장에서는 언제나 코카콜라가 1순위로 선택된다.

마찬가지로 3위 이하의 회사 중 펩시만큼 또는 더 맛있는 콜라는 존재했을 것이다. 그렇다면 어떻게 펩시는 2위 자리를 차지할 수 있었을까?

정답은 바로 "젊은이는 펩시!"라는 컨셉에 있었다.

컨셉을 바꾼 후 펩시는 코카콜라와의 점유율 격차를 30%에서 10%대로 좁힐 수 있었다고 한다. 2위 각축전에서 다른 회사는 못 했지만, 펩시는 해낸 한 가지. 바로 소비자들의 마음속에 "펩시는 젊음"이라는 임팩트로 각인된 것이다.

결국, 펩시가 승리를 거두게 된 이유는 "맛있는 콜라"라는 사실, 팩트 때문이 아니었다. 펩시가 소비자의 마음에 임팩트 있는 컨셉을 남긴 덕분이었다. 이처럼 컨셉이란 소비자의 기억 속에 하나의 임팩트 있는 단어로 인식되는 것을 의미한다.

경쟁입찰에서도 역시 중요한 것은 "우리 회사가 더 좋아요"라는 진실이 아니라, 어떤 단어로 타인의 기억 속에 임팩트 있게 남을 것인가 하는 '인식의 싸움'이다.

팩트가 아닌 임팩트로 기억되는 것, 이것이 바로 컨셉이다.

비등비등한 경쟁 속에서 단연 돋보이는 차별성으로 선택받는 회사는 명확한 컨셉이 있다.

컨셉 제1의 법칙: 상징을 팔아라

펩시콜라의 "젊은이들은 펩시를 마신다"라는 컨셉에 실린 상징은 전

연령층의 판매를 자극했다. 실제 펩시가 처음 나왔을 때 펩시 소비층은 10대, 20대와 같은 젊은 층이었다고 한다. 새로운 것을 받아들이는데 상대적으로 빠른 소비층이었기 때문이다. 그러나 '젊음'이라는 상징을 부여한 후에는 50대지만 스스로 젊은이라고 생각하는 사람들, 또는 젊은이에 속하고 싶은 사람까지 펩시를 구매하면서 판매율이 높아졌다.

이처럼 컨셉은 상징을 일으킨다. 마치 '인싸템'으로 불리는 상품이 그 상품을 소유했을 때 '인싸'가 된 것 같은 만족감을 주는 것과 비슷하다.

제품에 연상되는 상징을 정하는 것, 컨셉 제1의 법칙이다.

세계적인 담배 회사인 필립 모리스가 독보적인 판매율을 가질 수 있었던 이유도 상징성을 가진 컨셉에 있다. 말보로는 마초적인 남성을 상징으로 하는 카우보이 컨셉으로 광고를 시작했다. 소비층을 더 넓게 확보하기 위해 여배우를 광고 모델로 쓰던 다른 회사와는 차별화된 컵셉이었다. 오히려 제품 이미지를 남자 중에서도 마초를 떠올리게 하는 카우보이에 집중했다. 결과는 어땠을까?

펩시의 '젊음'이라는 상징적 인식과 마찬가지로 말보로의 '카우보이' 컨셉 역시 대성공이었다. 남자 중의 남자라는 상징으로 구매되었기 때문이다. 그 당시에는 마초적인 남성이 인기가 많았기 때문에 카우보이 같은 분위기를 내고 싶은 사람, 스스로 마초라고 느끼는 사람, 인기가 많고 싶은 사람까지 소비자가 되었다.

소비자는 제품을 구매하기보다 컨셉이 주는 상징을 구매한다.

경쟁입찰에서도 시장경제와 마찬가지로 컨셉이 주는 상징을 입찰한다.

모 고등학교 급식 업체 선정에서도 상징성이 입찰 된 경우가 있다.

《수능 만점 3명 배출! OO 고등학교! 비결은? 학교 급식! - 공부할 맛 나겠네!》라는 기사를 인용해 "공부할 맛 나는 식단"이라는 컨셉을 잡은 회사가 입찰된 사례이다.

심사위원인 선생님, 학부모님은 학생들이 건강하고 맛있게 먹을 수 있는 식사를 제공해 주는 업체 선정이 목표다. 그렇다 하더라도 경쟁입찰에서 "우리 회사의 재료와 식단이 최고입니다"라고 했다면 어땠을까? 아마도 입찰 될 확률이 낮았을 것이다. 왜냐하면, 경쟁사의 재료와 식단 역시 우수하기 때문이다.

소비자들이 제품이 아닌 상징을 구매하듯, 심사위원 역시 제품에 녹아 있는 상징을 입찰할 확률이 높다.

심사위원은 급식을 구매한 것이 아니라, "수능 성적 향상"이라는 상징을 구매한 것이다. 이런 구매는 '우리 학생들을 위해 아주 중요한 일을 했다'라는 만족으로 이어진다. 펩시를 구매한 소비자가 "젊은 사람이 된 느낌"을 얻고, 인싸템을 구입한 소비자가 "인싸가 된 느낌"을 얻는 것처럼.

-제1법칙 컨셉 찾는 방법

결국, 컨셉은 단순히 내 상품의 효능과 질을 가장 잘 표현해 주는 타이틀이 아니다. 컨셉은 소비자가 느끼게 될 상징적 만족이다. 컨셉 제1법칙에서 말하는 '제품이 아닌, 상징을 파는' 컨셉을 찾기 위해서는 다음과 같은 질문이 필요하다.

우리 회사는 제품을 통해 어떤 가치를 전달하고 싶은가?

소비자에게 어떤 만족을 주고 싶은가?

우리 회사 제품을 통해 소비자는 무엇을 상징적으로 느꼈으면 좋겠는가?

세상에 만들고 싶은 가치는 무엇인가?

제품이 어떤 상징으로 인식되었을 때 우리 회사와 어울리는가?

우리 회사의 장단점은 무엇인가?

　

우리 회사의 장단점을 파악하는 방법으로는 SWOT 기법을 활용할 수 있다. 미국의 경영 컨설턴트 알버트 험프리가 고안한 SWOT 기법으로 우리 회사를 객관적으로 분석해 보자.

　

강점(strong): 기업의 강점, 장점 차별화된 포인트

약점(weakness): 기업의 약점, 불안요소

기회(opportunity): 경쟁사, 변화하는 외부 환경에서 오는 기회, 타겟층

위기(threat): 경쟁사, 고객, 변화하는 외부 환경에서 비롯된 위협

　

위의 과정을 통해 자기다움과 회사의 정체성이 반영된 상징과 연결되는 컨셉을 찾아가 보자.

컨셉 제2의 법칙: Better가 아닌, The ONLY

1위로 인식된 제품을 이기는 것은 참 어렵다. 인지 심리학자에 따르면 사람의 기억은 일단 만들어지면 바뀌는 일은 거의 없다고 한다. 한 영역에서 소비자의 기억을 먼저 선점한 회사가 있다면 바뀌는 일은 거의 없다는 의미도 된다.

다음 질문에 가장 먼저 떠오르는 한국 회사 또는 명사를 한번 말해보자.

-스마트 폰

-자동차

-항공사

-영화관

-고속열차

위의 질문에 아마도

-스마트 폰: 삼성의 갤럭시

-자동차: 현재자동차

-항공사: 대한항공

-영화관: CGV

-고속열차: KTX

를 떠올렸을 것이다.

-스마트 폰: LG스마트폰

-자동차: 대우자동차

-항공사: 아시아나항공

-영화관: 메가박스

-고속열차: SRT

위의 회사도 마찬가지로 파워있는 회사지만 먼저 떠올리기 쉽지 않다. 왜냐하면, 우리의 기억 속에 먼저 인식된 1위가 따로 있기 때문이다.

마케팅 노력 중 가장 무모한 것이 소비자의 기억을 바꾸려는 시도라는 말도 있다. 그래서 컨셉을 만들 때도 1위를 이기기 위해 더 좋아지려는 노력은 소용이 없다. 오히려 새로운 최초를 위한 다른 노력이 필요하다.

펩시는 코카콜라의 부동의 1위, 오리지널이라는 이미지를 오히려 반대로 활용했다. 오래되었기 때문에 정체된 세대와는 달리 펩시는 새 시대라는 점을 강조했다. 펩시는 코카콜라와 겨우 7년밖에 차이 나지 않지만, '넥스트 제너레이션'이라는 컨셉으로 변화하고 차별화된 세대라고 컨셉을 잡았다.

경쟁사보다 더 뛰어나다는 것을 강조하는 실수를 저지르지 않았다. 오히려 경쟁사가 가지고 있지 않은 부분을 공약하면서 The ONLY가 되었다. 만약 펩시가 코카콜라보다 더 시원하고 더 맛있다는 것을 컨셉으로 잡고 이기려 했다면 오히려 코카콜라를 상기시켜주는 역할만 했을 것이다.

코카콜라는 이미 탄산 시장에 최초로 입성한 회사이므로 말 그대로 탄산을 광고하기만 하면 된다. '캔 따는 소리', '얼음 컵에 콜라 붓는 소리.' 이것만으로도 코카콜라를 떠올리기에 충분하다. 그저 탄산을 마시고 싶게 만들기만 하면 된다.

　만약 펩시가 "우리는 (코카콜라보다) 더 시원하고, 더 즉각적으로 갈증을 해소해주는 콜라예요"라는 컨셉을 잡았다면 점유율 상승은 물론 2위 자리 탈환조차 못 했을 것이다. 그 컨셉은 코카콜라가 이미 선점한 것이기 때문이다.

　〈마케팅 불변의 법칙〉 저자 알 리스는 "더 좋아지려 하기보다 달라지려고 노력하라"고 말한다. 타 회사가 가지고 있지 않은 점, 우리 회사가 선점할 수 있는 최초의 상징은 무엇인지를 고민하는 것이다.

　–제2법칙 컨셉 찾는 방법
　컨셉 제2의 법칙을 통한 컨셉 만들기에서는 경쟁사 분석이 중요하다.

경쟁사가 1순위로 가지고 있는 이미지나 컨셉은 무엇인가?

경쟁사의 강점이자 약점은 무엇인가?

경쟁사의 약점을 보완하는 우리 회사의 강점은 무엇인가?

경쟁사와 겹치지 않으면서 우리 회사의 "나다움"을 잘 살려줄 수 있는 포지션은 무엇인가?

　경쟁사와의 차별점을 분석하고 어떻게 다르게 컨셉을 잡을지 고민하는 과정이 필요하다.

　만약 우리 회사 컨셉이 우리 제품의 핵심일지라도 경쟁사가 그 컨셉을 선점하고 있다면 바꿔야 한다. 내가 그 컨셉을 강조하면 할수록 연상되는 회사는 경쟁사일 것이기 때문이다.

'경쟁사에 없는 그것'이 무엇인지 어떤 부분에서 달라질 수 있는지 연구해야 한다.

승자는 품질로써 우위에 있는 회사가 아닌, 인식을 선점한(=기억된) 회사이기 때문이다. 즉각적으로 인식의 우위를 선점하는 방법, 바로 경쟁사가 선점하지 않은 빈틈을 찾아내는 것이다. 그리고 이런 질문과 고민하는 과정에서 경쟁사와 차별화되는 대체 불가능한 컨셉을 찾아낼 수 있다.

컨셉 제3의 법칙: 범위를 좁혀라

컨셉을 잡을 때 실수하는 것 중 하나가 바로 더 많은 의미를, 포괄적으로 담으려 한다는 것이다.

하나의 컨셉이 우리의 정체성을 다 담아내기에 부족하게 느껴질 때가 있다. 우리 회사는 이것도 좋고 저것도 좋기에 컨셉으로 잡은 단어나 문장이 충분하지 않아 보인다. 제품의 우수성을 포괄적으로 포함하고 강점을 다 전달할 수 있는 컨셉을 잡는다면 컨셉이 무뎌지기 마련이다.

"모두를 만족시키려는 사고는 반드시 실패한다"는 피트 윌슨의 말처럼 모든 것을 포함하려는 무딘 컨셉은 오히려 소비자를 놓치게 된다. 컨셉의 범위가 좁고 직관적일수록 날카로운 컨셉을 만들 수 있다.

사라질 위기에 있었던 한물간 브랜드가 컨셉의 범위를 좁히면서 다시 살아난 경우가 있다. 바로 국내 최초 자연주의 화장품을 상징으로 한 '이니스프리'다. 자연주의의 오리지널이었지만, 후발주자 '네이처리퍼블릭'에 컨셉을 빼앗겨 뒷방으로 물러났던 적이 있다.

브랜드 이름만 들어도 자연(NATURE)이 연상되는 네이처리퍼블릭이 소비자의 인식에 '자연주의 화장품'으로 더 일찍, 더 빨리 자리매김했기 때문이다. 이니스프리가 선발주자라는 객관적 시기는 소용이 없다. 먼저 소비자의 인식을 선점하는 자가 오리지널이 되기 마련이다.

인식 선점에 실패한 이니스프리는 자연주의 화장품이라는 컨셉을 버리고, 자연보다 더 좁고 직관적인 범위로 눈을 돌리기 시작한다.

"Nature Benefits from JEJU (제주로부터 모든 자연적인 혜택을)."

자연이라는 기존의 건강한 이미지를 유지하면서도 네이처리퍼블릭이 떠오르지 않는 이니스프리만의 정체성 '제주'를 만난다. 컨셉을 더 뾰족하고 직관적으로 만들면서 오히려 제주가 가진 청정지역, 천해의 자연이라는 이미지까지 얻을 수 있게 된다.

컨셉을 제주로 한정시키면서 제주 하면 직관적으로 떠오르는 화산 섬, 용암해수, 한라산, 제주 녹차, 청정 제주의 이미지를 활용하는 광고를 만들어냈다.

"제주 용암해수의 미네랄이 만든 생생한 탄력."

"한라산 620m에서 300일 동안 자연발효."

"이니스프리는 아무것도 하지 않았습니다. 기다렸을 뿐입니다. 발효는 원래 자연이 하는 거니까."

광고 역시 제주가 연상되는 단어를 사용하며 깨끗한 재료로 순하게 만든 기능성 화장품이라는 인식을 심어주었다. 여기에 중국 관광객들의 제주 열풍으로 이니스프리는 엄청난 매출 상승을 얻을 수 있었다.

존폐의 갈림길에 서 있던 이니스프리는 컨셉을 더 구체화하면서 재기에 성공한 사례이다.

컨셉은 구체적일수록 인식되기 쉽고, 소비자의 기억 속에 오래 남는다.

컨셉 제4의 법칙: 타겟을 좁혀라

또 다른 예를 들어보자. 오늘날의 SPA브랜드 시초라 할 수 있는 미국 대표적 의류업체 '아메리칸어패럴' 역시 범위를 좁히고, 직관적 컨셉으로 10대 대표 의류 브랜드로 자리매김 할 수 있었다. 10대를 타겟으로 잡은 아메리칸어패럴의 처음 컨셉은 다음과 같았다.

"10대들이 좋아하는 옷."

"10대를 가장 멋지고 화려하게!"

이런 컨셉은 마치 "어떤 성향의 10대가 오더라도 그들이 좋아하는 스타일이 다 구비되어 있고, 그들을 멋지게 꾸며줄 수 있는 옷이 있다"처럼 들린다.

타겟층이 말 그대로 모든 10대였다. 그러나 자신만의 개성을 표현하고, 남들과 똑같은 것은 싫은 10대의 마음을 담아내지 못했기 때문에 높은 판매율로 이어지지 못했다. 그들은 곧 타겟의 범위를 좁히며 컨셉을 뾰족하게 만들었다.

"엄마들이 싫어하는 옷, 아메리칸어패럴."

컨셉의 범위를 "어른들이 원하는 모습이 아닌, 있는 그대로의 나를 표현하는 10대! 반항아적인 10대"로 좁힌 것이다. 컨셉을 뾰족하게 바꾼 후 전폭적인 10대들의 사랑을 받으며 미국 대표 의류업체 대열에 합류하게 된다.

범위를 좁힌다는 것은 용기를 내는 것이다. 한 가지를 취한다는 건 다른 모든 것을 버리는 것과 비슷하게 느껴지기 때문이다. 그러나 하나를 얻으면 전부를 얻게 된다는 걸 안다면 내 컨셉을 더 뾰족하게 만들기 위해 고민하게 될 것이다.

-제4법칙 컨셉 찾는 방법

프레젠테이션을 하다 보면 우리 회사가 더 많은 것을 제공해 줄 수 있고, 요구하는 것 다 가능하다고 말하고 싶을 때가 많다.

마치 "10대들이 좋아하는 옷"처럼 모두를 다 포함하고 있는 것처럼 보이지만 누구의 마음도 사로잡지 못하는 것과 같다. 그래서 컨셉을 잡을 때는 타겟을 설정하고 소비자의 특징, 소비 취향, 집단 특성, 무엇을 원하고 바라는지, 니즈 분석이 필요하다.

> 우리 회사가 타겟으로 잡고 있는 소비층과 핵심 가치는 무엇인가?
> 소비자가 가진 특별한 소비 패턴이나 특징이 있는가?
> 입찰하는 곳의 특징은 무엇인가?
> 그들이 원하는 것은 무엇인가?

더 구체적으로 질문하고, 특징을 파고 들어가 보자. 입찰하는 곳의 특징과 취향, 집단의 특성을 살펴볼 때 '타겟팅할 방향'을 발견하게 될 것이다.

컨셉 제5의 법칙: 익숙한 불편함을 찾아라

"말하지 않아도 알아요."

정을 컨셉으로 잡은 초코파이 광고다. 서로를 위하고, 친하고, 정이 있는 사이에는 말하지 않아도 알아주는 그 무엇이 있다는 의미다.

컨셉을 잡을 때도 마찬가지로 고객사가 원하는 것을 찾아내는 것이 핵심이다. 실제로 그 니즈를 명확히 분석하기 위해 현장설명회에 참여하거나, 영업담당자가 말하는 포인트를 발견하는 것 역시 컨셉에서 중요하다. 그러나 현장설명회에서 말해주는 니즈는 경쟁사도 함께 듣기 때문에 차별화된 컨셉을 잡는 데 한계가 있다.

고객사에서도 인식하지 못했던 이미 익숙해진 불편함이 존재하는지, 그것을 해결하기 위해 무엇이 필요한지 연구하는 것 역시 컨셉에서의 핵심이다.

고객의 불편함을 발견해 성공한 사례로 단연 대표적인 건 남자들의 로션 '우르오스'일 것이다. 당시 피부에 신경을 많이 쓰는 남성이 많지 않았다. 세안 후 스킨, 에센스, 로션 등 여러 개를 덧바르면 번거롭고 무겁다고 느끼는 남성이 많았다. 이런 남성의 불편함에 집중한 우르오스는 올인원 상품을 출시한다. 그리고 컨셉도 "남자를 아는"으로 잡으며 전폭적 지지를 얻게 된다.

"남자를 아니까! 오라 우르오스의 세계로!"

"거품을 칠하는 시간보다 헹구는 시간이 길다면, 오라, 우르오스의 세계로"

"피지, 체취, 미끌거림까지 단숨에 싹! 개운하니까."

불편함에 집중한 컨셉은 올인원 로션뿐 아니라, 남성 전용 바디워시에서 역대 최고 판매율을 달성하는 쾌거를 거둔다.

익숙한 불편함은 가치관의 변화에도 존재한다. 소비자들의 가치관과 요구가 변했지만, 기존의 시장이 아직 변화에 대응하지 못한 경우가 있다. '마이리얼트립'은 소비자들의 불편함을 빠르게 알아차리고 "현지 경험"이라는 컨셉으로 성공한 사례다.

마이리얼트립 이전에는 현지를 자세하게 경험하고, 분위기를 마음껏 느낄 수 있는 여행 상품이 존재하지 않았다. 가능하면 많은 나라, 관광 포인트를 찍고 오는 관광에 대한 기존의 가치관이 반영된 여행 코스가 대부분이었다. 그러나 "나다운 진짜 여행", "현장의 생생한 경험"이라는 컨셉이 소비자들의 욕구를 채워주며 사랑받기 시작했다.

"현지 골목 투어, 야경과 맛집 투어, 이색적인 공연 투어, 필스너우르겔 맥주 공장 투어" 등등.

존재하지 않았던 관광 상품이 쏟아져 나오면서 현지인처럼 살아보는 낭만과 설렘을 만들어냈다.

현대캐피탈의 "집중에 집중을 더하다", 피키캐스트 "우주의 얕은 지식" 등 뾰족한 컨셉으로 수많은 브랜드를 성공시킨 마케터 김동욱 작가는 다음과 같이 말한다.

"소비자들의 작은 불편함에 관심을 기울이고, 그것을 해결해주는 것을 목표로 하는 브랜드는 많지 않습니다. 대부분의 브랜드는 꿈과 희망 그리고 동경을 팝니다. 더 나은 모습을 상상하게 하지만 지금의 불편함을 딛고 사는 것들은 아닙니다. 스스로 소비자가 되어 불편한 것들을 하나 둘 나열해 보세요."

우리 회사는 소비자들이 딛고 서 있는 지금의 불편함 중 무엇을 해결해 줄 수 있는가? 소비자가 무엇을 불편해하고 원하는지 자세히, 오래 보면 발견할 수 있을 것이다.

-제5법칙 컨셉 찾는 방법

내가 타겟팅한 소비자의 페인 포인트를 찾는 것도 중요하지만, 소비자들의 가치관이 전체적으로 어떻게 변화하고 있는지, 무엇을 불편해하고 있고, 세상에 아직 존재하지 않는 가치는 무엇인지를 파악하는 것도 중요하다.

시대의 흐름을 반영하지 못하는 컨셉은 공감을 얻지 못하기 때문에 입찰도 어렵다. 이것을 잘 확인하기 위해서는 대중이 어디에 열광하고 어디에 모이는지, 이슈에 대해 어떻게 반응하는지를 잘 관찰하고 데이터를 활용하는 방법이 있다.

패전처리조와 추격조

야구 경기에 추격조라는 말이 있다. 큰 점수 차로 지고 있을 때 더는 점수 차가 벌어지지 않도록 막아주는 역할을 하는 투수를 일컫는 말이다. 투수의 활약이 있기에 타자가 추격할 수 있다는 의미에서 그들을 추격조라 부른다.

그들을 추격조라 부르기 전에는 '패전처리조'라 불렀다. 이름에서부터 왠지 '실력이 안 좋은 투수가 다 진 경기를 마무리하는 거구나'라는 생각이 든다. 실제로 패전처리조로 분류된 투수는 의욕도 없고 제 실력을 발휘하지 못하는 선수들이 많았다.

그러나 한 야구팀이 "우리는 경기를 포기하지 않는다"라는 의미로 패전처리조를 승리를 추격한다는 '추격조'로 바꿔 부르기 시작했다. 그러자 신기하게도 선수들의 눈빛이 달라지고 성과 역시 달라지기 시작했다. 다 진 경기를 뒤집는 일도 일어났다. 패전처리조에서 추격조로 이름 하나 바꿨을 뿐인데 선수들의 태도와 결과가 달라진 것이다.

컨셉도 이와 마찬가지라고 생각한다. 같은 회사의 같은 기능을 하던 제품이지만 어떤 의미를 부여하고, 어떤 상징으로 컨셉을 잡느냐에 따라 결과는 극과 극이 된다.

컨셉은 입찰의 결과를 바꿔줄 핵심이기도 하다. 나를 잘 표현하면서도 소비자의 니즈를 자극할 수 있는 컨셉 찾는다면 '추격조'와 같은 전혀 다른 결과를 만나게 될 것이다.

여러분의 목표 달성을 위해 조화롭고 균형잡힌
솔루션을 제시하는 파트너, 서연진입니다.

서연진

(주)비드리머 매니저
내외경제TV, 세계경제TV 출연
스타트업 IR 컨설턴트
프레젠테이션 및 스피치 강사

수주 성공을 위한 치트키
매력적인 슬로건이 갖춰야 할 조건

1. 슬로건, 왜 필요한가?

‘슬로건’의 사전적 의미는 ‘어떤 단체의 주의, 주장 따위를 간결하게 나타낸 짧은 어구’이다. 즉, ‘나 혹은 우리 조직이 뜻하고 추구하는 바를 이해하기 쉽게 표현하는 것’이 슬로건의 핵심이라고 할 수 있다.

실제로 대중과 소비자들의 마음에 꽂히는 하나의 문구를 만들기 위해 많은 기업들이 시간과 비용을 투자하여 슬로건을 만들고, 바꾸기도 한다. 슬로건이 무엇이길래 이렇게 노력을 기울이는 것일까.

슬로건은 사업 아이템과 서비스를 소비자에게 각인시키는 효과가 있다. 제품과 서비스의 특장점을 일일이 나열하는 것보다 슬로건 한 문장이 구매욕구를 자극하기도 하고, 잘 만든 슬로건이 기업 이미지를 긍정적으로 인식되게 만들기도 한다. 이러한 이유로 브랜드에 대한 긍정적인 경험들을 통해 그 브랜드에 가치와 이미지를 부여한다는 의미인 ‘브랜딩’을 위해 슬로건을 활용하기도 한다.

최근에는 민간기업의 아이템 뿐만 아니라, 지자체에서도 슬로건을 내세우는 경우를 종종 볼 수 있다. 대표적인 사례로 미국의 뉴욕시를 꼽을 수 있다. '뉴욕'하면 생각나는 'I♥NY'은 지난 1977년 그래픽 디자이너 밀튼 글레이저(Milton Glaser)가 디자인했다.

1970년대 뉴욕은 힘든 상황에 처해 있었다. 경제적으로도 사회적으로도 난항이 지속되었던 그때, 뉴욕시는 이미지 재건을 위한 작업에 착수했고 그 결과 탄생한 슬로건이 'I♥NY'이다. 이 로고는 각종 기념품, 의류 등에 적용되어 약 40여 년간 뉴욕의 상징으로 자리잡게 되었다.

(출처: 네이버지식백과)

우리나라에서는 부산광역시의 사례를 찾아볼 수 있다. 2000년대 초반, 'Dynamic Busan'이라는 슬로건으로 활기차고 역동적으로 발전하는 도시의 이미지를 표현했다. 최근에는 'Busan is good'으로 도시 슬로건을 변경했다.

'Busan is good'은 부산에 대한 부산 시민의 자긍심과 만족감을 Good(좋다)으로 표현한 것이다. 특히, 국문 '부산이라 좋다'는 타 도시에서 경험할 수 없는 부산 도시 자체의 유일함과 독창성을 상징하고 있으며, Good은 세계적이고(Global), 특색있는 (Original), 개방적인(Open),

(출처: 부산광역시 홈페이지)

다이내믹한 (Dynamic) 부산을 의미한다고 한다. (https://www.busan.go.kr/ bhorgsymbol02 참고)

2030년 부산 엑스포 유치를 앞두고 많은 관심을 받고 있는 현재 상황에서 부산의 도시 이미지를 높일 필요성이 있다는 것이 슬로건 변경의 주된 이유로 알려져 있다.

이렇게, 슬로건은 부정적 상황을 긍정적으로 전환하는 역할을 할 수 있다. 또한 기존 이미지를 업그레이드 하기 위해 사용되기도 한다.

시대의 흐름에 따라 변화하는 기업의 아이덴티티와 사업 모델 및 아이템의 확장과 변화를 알리기 위한 과정에서도 빼놓을 수 없는 것이 슬로건이다. 단순한 문장 같지만, 사람들의 마음에 오랜 시간 남아 대중들에게 지속적으로 긍정적인 행동을 이끌어내는 슬로건의 파급력은 막강하다. 그것이 바로 많은 기업과 단체들이 슬로건을 연구하고 투자하는 이유이다.

2. 좋은 슬로건이 갖춰야 할 조건: SIMPLE, SEXY, SENSE.

먼저, 슬로건은 Simple해야 한다. 여기서 Simple하다는 것은 슬로건의 길이가 짧아야 하며, 표현방법이 명확해야 함을 의미한다. 슬로건은 보통 한두 문장 안에서 표현되는 경우가 대부분인데, 길이가 길어지면 기억하기가 어렵고, 의미의 전달력 또한 떨어지기 마련이다.

슬로건 하면 떠오르는 대표적인 예시 중 하나는 글로벌 스포츠 브랜드 나이키의 'Just do it'이다. 이 슬로건은 오랜 시간 동안 많은 사람에게 나이키라는 브랜드의 정체성을 인식시킴은 물론, 광고 효과 창출에도 많은 기여를 했다. 총 3단어로 구성된 한 문장이기에 기억하기 쉽고, 평이한 단어를 사용했으며 동시에 돌려말하지 않는 직관적인 표현 방식으로 별도의 해석이 필요치 않다. 대표적인 심플한 슬로건이다.

나이키의 슬로건이 심플하다고 해서, 의미까지 심플한 것은 아니었다. 'Just do it'이라는 이 문장은 시대의 흐름에 맞는 이미지, 제품들과 함께 대응하며 클래식하지만 여전히 참신한 슬로건으로 자리잡고 있다.

다른 곳에도 많이 쓰이는 말이지만 'Simple is the best'라는 말은 슬로건에 적용할 때 가장 적절한 말이 아닐까 싶다.

'저스트 두 잇'의 최근 광고 캠페인 '파시빌리티즈편'(2013)
(출처: 네이버 백과사전)

좋은 슬로건이 갖춰야 할 두 번째 조건, 슬로건은 Sexy해야 한다.

우리는 강렬하게 무언가에 끌렸을 때 이런 표현을 종종 쓴다. 그 대상이 여행지라면 '그곳에 안 가본 사람은 있어도 한 번만 가본 사람은 없다'라고 하고, 음식을 적용해보면 '안 먹어본 사람은 있어도 한 번만 먹어본 사람은 없다'고 표현한다.

섹시한 슬로건은 보거나 듣는 순간 우리의 뇌리에 자리잡아서 혹은 스며들듯이 익숙해져서 그 대상을 계속 궁금해하게 만든다.

2022년 말부터 2023년 초까지 최고의 화제작이었던 넷플릭스 '더 글로리'의 포스터를 보면 섹시한 슬로건의 진수를 느낄 수 있다. 물론, 배우들의 연기력과 탄탄한 스토리라인이 있었기에 '더 글로리'가 영광을 얻을 수 있었지만 특히 시즌2의 포스터는 안그래도 궁금한 사람들의 마음을 더 궁금하게 만들었다.

시즌1이 방영되기 전부터 이미 복수극이라는 타이틀이 있었기에 주인공 동은에게 씻을 수 없는 상처를 준 5인방이 대가를 치르리라는 것은 쉽게 파악할 수 있었다. 하지만 그 복수가 얼마나 통쾌하게, 처절하게 성공하는지가 결말의 성공을 결정짓는 중요한 요소가 되는데, 시즌2의 포스터는 시청자들이 궁금해 하는 포인트를 정확하게 꿰뚫었던 것이다.

포스터에 표현된 문장들은 5인방이 어떤 복수를 당할지에 대한 힌트를 주면서도 직접적인 표현은 최소화함으로써 시즌2에 대한 기대를 높이는 데 성공하였다.

'더 글로리'의 예시는 직관적이지만 절제하는 그 접점을 잘 잡아내는 것이 섹시한 슬로건의 탄생 조건임을 보여주고 있다.

더 글로리 시즌 2 포스터
(출처: 넷플릭스 인스타그램)

3. 경쟁입찰에서의 슬로건

경쟁입찰뿐 아니라 모든 프레젠테이션, 심지어 일상 대화에서조차도 슬로건이 필요하나. 일상에서는 개인의 슬로건을 굳이 드러낼 필요는 없지만 나라는 존재를 각인시키고 내가 원하는 바를 전달하기 위해서는 이른바 스스로의 '컬러'가 필요하다.

일상생활에서도 이러한데, 경쟁입찰에서 슬로건의 필요성은 아무리 강조해도 지나치지 않다. 우리가 앞서 알아본 슬로건의 개념은 브랜드

(또는 제품, 서비스)의 특장점을 짧게 표현한 것으로, 그 바탕에는 '컨셉'이 존재한다. 컨셉은 상대방에게 브랜드(또는 제품, 서비스)의 성격을 확실하게 부여하는 것이다. 결국 컨셉이 잘 잡혀야 준수한 슬로건이 탄생한다고 할 수 있다.

현재 경쟁입찰을 준비하고 있다면, 제안서 작성이나 발표 준비를 하기 위한 프로그램을 작동시키기 전에, 컨셉을 먼저 정하길 권한다. 컨셉을 정하지 않고 경쟁입찰을 준비하는 것은 뿌리를 내리지 않은 식물에게 꽃을 피우려는 것과 같다. 실제로 컨셉 없이 준비를 시작하면 제안서나 발표의 앞뒤 느낌이 달라지거나 결국 무엇을 이야기 하려는 것인지 기억에 남지 않는 경우가 많다.

그렇다면 컨셉은 어떻게 설정해야 할까?

먼저, 브레인스토밍 과정을 거쳐야 한다. 소위 말하는 '아무 말 대잔치'도 좋다. 우리 제품 하면 생각나는 단어, 이미지, 느낌 등을 생각의 흐름에 따라 가감 없이 적어보고, 대화하면서 마인드맵을 그려보는 것도 방법이다. 이후 나열해 놓은 아이디어들을 분류한다. 제품의 스펙이나 정보, 제품 사용 전 느낌이나 이미지, 제품 사용 후 느낌이나 효능, 장점으로 분류할 수도 있고, 그 외에도 기준은 다양하다.

다음으로, '선택과 집중'에 대한 절차를 거친다. 우리 제품의 장점을 하나만 꼽는다는 것은 매우 어려운 작업이지만 취할 것을 취하고 버릴 것을 버릴 때 컨셉은 명료해지고 슬로건의 퀄리티는 상승한다.

2023년 기준으로 30대 이상 대다수가 알 수 있는 광고 카피들로 예를 들어 보겠다.

1997년 농심 '생생우동'의 광고가 큰 주목을 받았는데, 당시 광고 카피는 "국물이, 국물이 끝내줘요"였다. 우동의 맛을 결정짓는데는 여러 가지 요소가 있다. 쫄깃한 면발, 맛을 살려주는 부재료들 등이 있지만 해당 카피는 '국물'에 집중을 했다. 그렇게 선택하고 집중한 결과는 대성공이었다. 만약에 "저희 제품은 면발도 탱글탱글하고, 재료도 듬뿍 넣었고, 국물도 맛있어요"라고 표현했다면, 제품의 매력을 전달하기 어려웠을 것이다.

이렇게 컨셉을 설정했다면 슬로건으로 '표현'하는 단계가 남았다. 같은 말, 소재도 어떻게 표현하느냐에 따라 느낌이 많이 달라진다. 그만큼 우리가 지금까지 고민하면서 정리한 결과물에 캐릭터를 입혀주는 일이 바로 '표현'이다. 슬로건의 대표적인 표현 방법을 아래와 같이 정리해 보았다.

역설적 표현

위험하거나 곤란한, 혹은 부정적인 상황에 처해있을 때 그것을 해결할 수 있는 제품이나 서비스들이 존재한다. 위와 같은 일들이 일어나지 않으면 좋겠지만, 피치 못할 경우가 존재하기에 그와 관련한 제품들이 등장하기 마련이다.

의약품이나 호신용품 등의 경우를 생각해 보자. 누구나 아프거나 다치고 싶지 않고, 호신용품이 필요할 정도의 위험한 상황을 맞닥뜨리고 싶지 않다. 관련 매출이 늘어나면 이익 측면에서는 좋지만, 그만큼 아픈 사람들이 많고 위험에 대비하려는 사람이 많다는 것을 의미한다.

따라서 이런 경우에는 "우리는 (제품명)이 필요없는 시대가 오기를 기대합니다. 그때까지 (제품명)이 여러분과 함께 하겠습니다"와 같은 슬로건을 만들 수 있다. 이를 통해, 건강하고 안전한 사회를 지향하는 회사의 공익적인 아이덴티티를 강조하면서도 제품의 필요성을 함께 어필할 수 있다.

감성적 표현

제품과 직접적인 연관이 없더라도, 많은 사람들이 공감할 수 있는 가치와 감정을 표현하는 방법이다. 사람은 누구나 생로병사의 과정을 거치고 그 속에서 희노애락을 느낀다. 생김새와 환경이 다를지라도 우리가 살아가는 그 길에서 보편적인 감성과 니즈를 자극함으로써 우리 제품과 과제에 대한 공감대를 형성할 수 있다.

이렇게 형성된 공감대를 제품과 서비스에 대한 호감, 더 나아가서는 구매 욕구를 북돋워주는 역할을 하는 것이 컨셉의 힘이다. 스타트업 대박신화를 이룩한 '배달의 민족'을 보면 톡톡 튀면서도 쉽게 공감할만한 표현을 담고 있다.

감각적 표현

MZ세대들을 겨냥한 감각적인 표현들이 메인 컨셉이나 슬로건으로 적용되는 사례가 늘고 있다.

신세계의 SSG '쓱'은 신세계라는 이름을 이니셜로 줄인 SSG의 발음에서 착안되었다. 단 한 글자로 시스템의 편리함을 표현하였고 브랜드의 이름까지도 한번에 각인시킬 수 있었다는 점을 주목할 수 있다.

우리말의 장점 중 하나가 의성어, 의태어를 다양하게 표현할 수 있고 사전에 등재되지 않은 표현들 중에서도 그야말로 '찰떡같은' 재료들을 찾을 수 있다는 것이다. 꼭 정제된 말이 아니어도, 있어 보이는 문구가 아니어도 대중들의 마음에 어느 순간 '쓱' 들어올 수 있는 컨셉이 요즘 시대가 요구하는 컨셉일 것이다.

4. 슬로건 트렌드 전망

슬로건은 시대의 흐름에 따라 변화해왔고, 앞으로도 그럴 것이다. 향후 슬로건은 어떠한 트렌드를 보이며 발전하게 될까.

첫 번째로, 직관적인 슬로건이 늘어날 것이다.

21세기에 들어서면서 우회적인 표현이 줄어들고 직접적이며 솔직한 표현의 슬로건이 자주 등장하는 것은 오랜 트렌드이기도 하다. 이 트렌드는 진화하고 발전하면서 그 수위가 점점 높아지고 있다.

직관적인 슬로건은 아름다움과 개성을 표현하는 미용 및 뷰티 분야에서 예시를 찾아볼 수 있다. 21세기를 목전에 둔 1990년대 후반, 세계적인 뷰티브랜드 로레알 광고에서 등장한 문구가 있다.

"Because I'm worth it!(전 소중하니까요)"

이 슬로건은 전 세계적으로 오랜 시간 사랑을 받았다. 정도는 달라도 누구나 마음속에 있을 자존감을 세상으로 끌어냈던 이 한 마디는 지금까지도 패러디와 각종 상황에 적용되고 있다. 겸손과 절제를 미덕으로 여겼던 과거에 비해 당당함이 트렌드가 된 현재, 사랑하면 사랑한다, 아니면 아니다!라고 있는 그대로 표현하는 슬로건 트렌드는 앞으로도 쭉 이어질 것으로 보인다.

두 번째로, 길이가 짧아질 것이다.

이미 쇼츠, 릴스 등 짧은 영상들이 우리의 삶에 깊숙이 자리잡고 있다. 15초짜리 릴스를 10분 동안 보는 것은 괜찮지만, 10분짜리 일반 영상을 하나 보는 것은 너무 지루하다는 피드백을 어렵지 않게 들을 수 있다.

짧아지고 있는 슬로건 트렌드를 찾아볼 수 있는 분야는 커피이다. 오랜 시간 즐기는 커피는 물론 매력 있다. 그러나 요즘은 커피를 자리에 앉아서 마시는 경우보다 테이크아웃 하거나 이동하면서 마시는 모습이 자주 눈에 띈다. 바빠진 현대인들이 커피도 효율적으로 소비한다고도 볼 수 있다.

짧은 슬로건으로 최상의 브랜드 아이덴티티를 끌어낸 관련 슬로건의 예는 네스카페의 "What else?"와 팀홀튼의 "Always fresh"이다. 이미 글로벌 브랜드인 네스카페는 "What else?"라는 표현으로 자부심을 드러냈고, 캐나다의 국민 카페 브랜드로 평가되는 팀홀튼의 "Always fresh"는 품질로 승부한다는 이미지를 드러내는 데 성공했다.

소비자들의 마음에 정확하게 도달하는 짧은 슬로건을 위해서는 앞에서 설명했던 컨셉을 설정하는 작업이 보다 정밀하고 깊게 이루어져야 할 것이다.

세 번째로, 슬로건에도 시즌제가 도입될 가능성이 크다.

슬로건 트렌드 두 번째에서 말한 바와 같이 슬로건의 길이가 점점 짧아지고 있다. 물리적으로 짧은 문장에 많은 의미를 부여하는 것이 어렵다. 또한 영상매체는 물론 SNS에서도 우리는 이전보다 급격히 늘어난 슬로건들을 접하고 있다. 따라서 사람들의 눈과 귀를 집중시키는 것이 고난이도의 과제가 되었다.

슬로건의 연속성을 유지할 수 있으면서, 매번 새로운 느낌으로 고객에게 다가갈 수 있는 방법은 '시즌제의 도입'이다.

앞으로의 슬로건 트렌드를 예측하고 있지만, 슬로건의 시즌제를 잘 보여주는 예시는 1999년에 방영된 018 원샷 광고에서 찾을 수 있다.

당시 한창 주목받는 스타였던 배우 원빈, 김민희, 김효진 님의 관계를 여러 편의 광고로 나누어 제작하였는데 '친구의 친구를 사랑하게 된' 상황을 감각적으로 표현했고, 후속 광고에 대한 궁금증을 끌어올리며 주목받았다.

때로는 묵직한 한 방보다 잔잔한 여러 방이 나을 수도 있다. 앞으로 시즌별로 등장하는 감각적인 슬로건의 등장을 기대해 본다.

말이 감싼 본질과 가치를 전하는 사람,
김성입니다.

김성

서울경제TV 메인 앵커
KTV 국민방송 앵커, 외신캐스터
정부행사·기업행사·포럼 등 공식행사 MC
한국선거방송 대선·전국동시지방선거 앵커
HCN 부산방송 앵커

승패는 한 끗 차이

한 끗을 만드는 차별화 전략

1. 다름으로 승부하라, 차별화 전략

우리가 달라야 하는 이유

평소 건강 관리에 관심이 많은 나는 식재료 선택을 신중히 하는 편이다. 주로 유기농 코너에서 장을 보는데, 그 작은 매대에서도 한 카테고리 안에 여러 회사의 제품이 진열되어 있다. 각각의 제품 뒷면을 하나하나 들춰보며, 이들이 뭐가 어떻게 다른지를 살펴본다. 모두 '유기농'이라는 이름표를 붙이고 저마다 장점을 내세우고 있지만, 그 안에서도 분명 차별점은 있다.

누구나 물건을 사러 갔다가 다른 제품을 권하는 직원에게 "이건 뭐가 다른가요?"라고 물어본 경험이 있을 것이다. 이렇듯 차별점을 찾아내고 그에 따라 의사결정을 하는 것은 우리에겐 이미 익숙한 일이다.

차별화는 글자 그대로 '다름'을 말한다. 그리고 우리가 일상에서 하는 수많은 선택들은 크고 작은 '다름'의 결과일 때가 많다.

오래 전부터 '넘버 원보다 온리 원'이 되어야 한다든지, '경쟁하려 하지 말고 차별화로 독보적 1인자가 되어야 한다'는 식의 주장 혹은 조언이 존재했다. 조금 과장해 지금은 온 세상이 차별화를 외치고 있으니 오히려 조금 진부한 단어가 되어버린 것 같기도 하고, 진정한 차별화에 대한 고민 없이 그저 차별화를 위한 차별화만 만연한 느낌이 들기도 하다.

사실 말이 쉽지, 남들과 다른 특별한 점을 만든다는 건 매우 어려운 일이다. 그러다 보니 남들이 갖춘 능력은 나도 모두 갖추어야 할 것 같고, 타사의 제품이나 서비스를 우리도 제공해야 할 것 같은 일종의 두려움도 생긴다.

그렇게 서로 따라가다 보면 어느새 다른 점은 사라지고 모두 평준화되어버리는데, 남들이 이미 하고 있는 것이나 누구나 할 수 있는 것은 가치가 떨어질 수밖에 없다.

차별화는 크게는 기업 경영에도, 그리고 작게는 몇 해 전부터 가장 뜨거운 화두로 떠오른 퍼스널 브랜딩의 영역에도 필수의 요소가 되었다. 요즘 같은 치열할 경쟁사회에서 살아남으려면 기존의 것과는 달라야 하기 때문에, 차별화는 곧 저마다의 생존전략이라고도 할 수 있다.

이 책에서 다루는 경쟁입찰 프레젠테이션도 마찬가지다.

프레젠테이션은 기본적으로 '설득'을 목적으로 한 의도된 행위다. 면접 프레젠테이션은 내가 원하는 회사에 나를 설득하는 것이다. 남녀간의 프러포즈도 일종의 설득 프레젠테이션이다. 이렇게 우리는 꾸준히 타인을 설득하며 살아가고 있다.

설득은 상대의 눈으로 보고 상대의 마음으로 느껴야 가능하다. 그들이 무엇을 기대하고 있는지를 이해하는 것부터 출발하는 것이다. 그것을 바탕으로 내가 제공할 수 있는 차별화된 솔루션을 제안해야 한다.

그런데 '다름'이라는 건 때로는 모험처럼 느껴지기도 해서, 고객사의 요구사항만 안전하게 충족시키려고 생각하면 어떻게 될까. 혹은 빠듯한 준비 기간 때문에, 이전에 했던 제안을 짜깁기만 해서 별반 다를 것 없는 발표를 한다면 어떨까.

여러 팀이 참여하는 경쟁 프레젠테이션에서 심사위원들은 수없이 비슷한 발표를 들을지도 모른다. 설득의 최전선에 있는 경쟁입찰 프레젠테이션에서 안전한 길을 찾아 차별화 없는 프레젠테이션을 한다면 우리는 금세 잊히고 말 것이다. 아니, 애초에 기억의 한 부분에조차 자리 잡지 못할 수도 있다. 안전할 것이라고 생각한 길이 가장 위험한 길이다.

무엇을 차별화할 것인가, 답은 본질에 있다

그렇다면 우리는 무엇을 달리해야 할까. 바로 '내용'이라는 본질부터 차별화해야 한다. 프레젠테이션에서 가장 중요한 것은 프리젠터도, 슬라이드도, 화려한 쇼맨십도 아닌 고객사가 궁금해하는 '제안 내용'이다.

나머지를 홀시하라는 것이 아니다. 우리가 제안할 수 있는 차별화된 전략과 내용 개발을 최우선에 두고, 그것을 중심으로 형식과 커뮤니케이션의 차별화를 도모하는 것이 순서다.

사람들이 길게 줄을 서서 기다리는 맛집 중에는 허름하고 분위기도 그다지 좋아 보이지 않는 곳들이 있다. 그렇다고 수준 높은 서비스를 제공하는 것도 아닌데, 그 집에서 밥을 먹으려면 매번 줄을 서서 기다려야 한다. 대부분 그 이유는 오랫동안 변하지 않는 정직한 맛에서 찾을 수 있다. 그 식당이 다른 곳과 차별화되는 본질이 맛에 있듯, 우리의 프레젠테이션을 차별화하는 본질은 콘텐츠, 즉 우리의 제안 내용과 전략에 있다.

간혹 메라비언의 법칙을 예로 들어 커뮤니케이션에서 말의 내용보다 시각과 청각 등의 비언어적 요소가 중요하다고 하는 이들도 있다.

커뮤니케이션에서 상대의 인상이나 호감을 결정하는 데 있어서 언어적 요소인 내용은 7%, 목소리는 38%, 보디랭귀지는 55%의 영향을 미친다는 소위 '7-38-55' 법칙이다. 아마도 프레젠테이션을 준비하면서, 혹은 평소 스피치에 관심이 많았더라면 한 번쯤은 들어봤을 것이다. 실제로 커뮤니케이션에 관한 강의 현장에서도 단골로 등장하는 이론인데, 상당히 잘못 사용되고 있다.

이 연구는 매우 제한적인 상황에서 진행되었다. 문장이 아닌 녹음된 단어로 실험했고, 얼굴 사진이 사용되었기 때문에 다른 유형의 보디랭귀지는 포함되지 않았다. 한 단어를 말할 때 관찰자가 감정이나 태도를 어떻게 확립했는지에 초점을 맞췄기에 일반적인 커뮤니케이션 상황에는 적용할 수 없다.

실제 메라비언 교수는 이 연구가 '감정과 태도의 의사소통을 다루는 실험에서 파생되었기에 일반화할 수 없다'며 이 법칙의 적용에 제한을 두었고, 이 실험 결과가 잘못 사용되는 것에 대해 우려를 표하기도 했다.

일반적인 커뮤니케이션 상황에서도 적용하기 어려운 이론인데, 심지어 설득의 최전선에 있는 경쟁입찰 프레젠테이션이라면 더더욱 이 법칙을 생각해서는 안 될 것이다.

보기 좋은 떡이 먹기도 좋다는 이유로, 혹시 내가 전략 개발보다 장표를 만드는 데 너무 많은 시간을 할애하는 건 아닌지, 본질인 내용 숙지가 덜 된 상황에서 화법이나 제스처에 필요 이상의 에너지를 쏟고 있는 건 아닌지 생각해 보자.

물론 프레젠테이션에서 이 모든 요소가 완벽히 조화를 이룬다면 더없이 좋을 것이다. 하지만 무엇보다 앞서야 할 것은 우리의 전략과 내용 개발이라는 점을 강조하고 싶다.

이 본질을 탄탄히 한 후에, 우리의 핵심 메시지를 가장 효과적으로 전달할 수 있는 형식을 개발하도록 하자. 순서가 잘못되면, 보기 좋은 떡이 빛 좋은 개살구가 될 수도 있다.

2. 차별화 전략 개발하기

첫째도 청중, 둘째도 청중, 셋째도 청중이다

모든 프레젠테이션의 기본이 되는 것이 바로 3P, 즉 청중(People), 장소(Place), 목적(Purpose)이다.

가장 먼저 프레젠테이션의 대상인 청중이 누구인지를 정확히 아는 것이 중요하다. 특히 입찰 프레젠테이션은 평가를 받아 수주한다는 특성이 있기 때문에 의사결정권자인 키맨이 누구인지, 심사위원의 구성은 어떻게 되는지 등 청중 분석이 매우 중요하다. 청중을 알아야 그들에게 무엇을 설득할지 명확히 할 수 있다.

기업 입찰의 경우 해당 기업의 임직원이 평가위원이 된다. 실무자와 관리자, 경영자 등인데, 이들 각자의 이슈와 관심사가 무엇인지 파악해야 한다.

사기업의 경우 의사결정력이 높은 경영자, 즉 키맨의 니즈를 파악하는 것이 중요하다. 지위가 높은 경영자의 니즈를 정확히 아는 것은 매우 어렵지만, 그렇기 때문에 담당자와 꾸준히 연락하면서 키맨의 관심과 니즈를 예상하고 준비해야 한다.

또한 의사결정권자 못지않게 중요한 대상은 영향자다. 영향자는 의사결정권자의 결정에 영향을 미치는 사람으로, 최고 재무관리자(CFO), 최고 업무책임자(COO), 최고 기술경영자(CTO) 등이 해당한다.

입찰의 의사결정은 집단적으로 이루어지기 때문에 어느 한 곳에서 위험요소가 제기되지 않도록, 영향자의 의견까지 고려한 전략을 세워야 한다.

커뮤니케이션의 방법도 마찬가지다. 전체 진행은 모두를 염두에 두되, 강조의 타이밍은 최고 의사결정권자에게 집중할 필요가 있다. 어떤 청중도 소외되는 느낌을 받지 않도록 모두를 응시하며 소통해야 하지만, 프레젠테이션에서 가장 집중해야 할 대목이나 핵심 제안 등 결정적인 타이밍에는 최고 결정권자에게 어필하자.

조달청을 통한 입찰의 경우 공평성을 위해 조달청에서 섭외한 심사위원이 대상이 된다. 이때 심사위원들은 대부분 대학교수나 기술자로 구성되는데, 통상 전문가, 행정가, 사용자의 입장으로 나뉜다. 각자의 입장에 따라 관심사가 다르기 때문에 이 그룹들의 관심을 얼마나 빠짐없이 충실히 충족시키느냐가 중요하다. 즉, 특정 분야에만 치우치지 않는 전략 개발이 필요하다.

또한 쉽게 전달하는 커뮤니케이션 전략이 필수다. 심사위원들이 전문가이기 때문에 프로젝트에 대해서 아주 깊이 있게 알고 있을 것이라 단정지어선 안 된다. 모두 각자 분야의 전문가이지만 전체 프로젝트에 있어서는 '부분 전문가'라고 할 수 있기에, 이 프로젝트의 핵심 이슈는 무엇인지, 우리의 솔루션은 무엇이고 어떤 전략이 있는지 중학생에게 알려주듯 쉽게 전달해야 한다.

더불어, 청중의 성향에 따라 핵심 제안을 언제 하는 것이 효과적인지에 대한 논의도 참고해볼 수 있다.

마케팅 컨설턴트이자 커뮤니케이션 전문가인 김혜성 교수는 저서 〈비즈니스 프레젠테이션〉에서 청중 파악의 중요성을 강조하며 각기 다른 청중을 대상으로 한 프레젠테이션 진행에 대해 언급했다.

여기서 청중은 크게 세 가지 유형으로 분류된다. 먼저 의사결정권자가 한 사람일 때 핵심 제안은 도입부에 하는 것이 좋다. 이는 부하 직원이 관리자에게 보고하는 장면을 가정해 보면 이해가 쉬운데, 단순 명료한 결론을 보고한 후 세부적인 설명을 보완해 말하는 것이다.

두 번째 유형은 취향이 다른 여러 명의 의사결정권자가 합의로 결정하는 형태이다. 이때는 프레젠테이션 초반부에는 제안의 힌트만 주고, 이후 준비한 내용을 일방적으로 쏟아내기보다 청중의 반응을 이끌어 내면서 프리젠터가 원하는 방향으로 몰아가야 한다.

세 번째는 우리에게 부정적인 성향을 가진 결정권자이다. 이때는 결론을 말하기 위한 세부 검토 과정을 먼저 보여주고, 주제의 제안을 가급적 뒷부분으로 몰아야 한다.

제안서 작성도 고객이 중심이다

두 번의 낙방 후 세 번째 도전에서 압도적인 표 차이로 성공한 2018 평창동계올림픽 유치의 감동을 대다수의 국민들이 여전히 기억하고 있을 것이다. 당시 프레젠테이션 책임자였던 테렌스 번스(Terrence Burns)는 훌륭한 프레젠테이션에 대한 질문에 '누가'와 '왜', 이 두 가지가 가장 중요하다고 말했다. 청중이 누구인지를 알고, 그들이 듣고 싶은 이야기를 해야 마음을 얻는다는 것이다.

당시 우리 프레젠테이션 팀은 IOC가 올림픽 개최를 통해 새로운 유산을 만들어내기를 원한다는 것을 파악하고, '평창 동계올림픽 유치를 통한 새로운 아시아 시장 개척'이라는 전략을 세웠다. '새로운 지평'이라는 슬로건으로 8명의 프리젠터가 각자의 스토리를 담은 프레젠테이션을 했고, 우리나라는 3수 끝에 동계올림픽 유치에 성공했다.

고객이 무엇을 원하는지를 파악하는 것은 백 번 강조해도 지나치지 않다. 좋은 제안 전략은 고객의 니즈에서 출발한다. 내가 잘하는 것이 아닌, 고객이 무엇을 필요로 하고 어떤 문제를 해결하기 원하는지를 중심에 두어야 한다. 제안서를 작성할 때도 고객을 중심으로 작성하는 것을 잊지 말자.

고객중심 제안서에는 몇 가지 특징이 있다.

1) 고객 조직의 비전을 언급하고, 고객의 비전과 이번 입찰을 연계시킨다.

대부분의 제안서는 고객의 요구조건을 충족하지만, 고객의 비전까지 이해하고 있다는 것을 보여주는 제안서는 다르다.

"2023년부터 OOO 시스템을 구축해 대면업무를 비대면으로 전환할 수 있습니다."

vs.

"2023년부터 OOO 시스템을 구축해 paperless 업무환경을 구현합니다. 이를 통해 보안 강화와 업무효율 향상을 이루고, ESG 경영을 달성할 수 있습니다."

이 둘을 비교했을 때, 어느 쪽에 설득되겠는가. 우리가 고객의 비전을 이해하고, 이번 입찰로 고객의 비전을 달성하는데 기여할 수 있다는 것을 보여줘야 한다.

2) 고객의 핵심 이슈를 중심으로 제안한다.

우리가 잘하는 것, 우리의 장점을 늘어놓는 것이 아니라 고객의 핵심 이슈를 언급해야 한다. 우리가 알고 있는 고객의 모든 이슈를 나열해 보고 2~4개 정도로 계열화해 본다. 중요도 순으로 핵심 이슈를 정리하고, 고객의 언어로 다시 진술하는 것이다. 또 이 핵심 이슈가 고객으로부터 나왔다는 것을 명확히 기술한다.

3) 판매자보다 고객을 주어로 사용하고, 특징보다는 효용을 중심으로 기술한다.

제안서의 주어는 주로 고객이 되는 것이 좋다. 그래야 고객의 요구가 무엇인지, 얻을 수 있는 효용과 가치는 무엇인지 자연스럽게 이야기할 수 있다.

예를 들어 "우리 회사의 자동화 솔루션은 비용 절감을 도와줍니다"와 같은 문장은 "00사(고객사)는 우리의 솔루션을 통해 기존 대비 20%의 비용 절감과 10%의 매출 증대가 가능합니다"처럼 고객 중심으로 바꿔 볼 수 있다.

차별화 전략 구성 단계

입찰 참여를 결정했다면, 고객사가 RFP에서 원하는 제안에 더해 우리만의 차별화 전략이 필요하다. 차별화 전략을 어떻게 도출할 것인지 단계별로 점검해 보자.

1) 고객의 '진짜' 니즈 찾기

앞서 언급했듯 전략은 고객의 니즈로부터 출발한다. 그런데 RFP에 나타난 공식적인 니즈 외에도 직접 밝히지 않은 비공식적인 니즈가 존재한다. 예를 들어 공식적으로는 '맛있는 급식'을 요구하지만 비공식적으로 키맨은 '전체적인 인테리어'를 더 중시할 수도 있는 것이다.

전략을 세울 때에는 의사결정에 영향을 미칠 만한 모든 니즈를 파악해야 한다. 이를 2~4가지로 계열화해 핵심 이슈를 정리해 본다.

2) 의사결정권에 따른 니즈 순위 나열

이제 이렇게 분석한 핵심 이슈를 순위로 나열해 본다. 이때 주의할 점은 최고 의사결정권자의 이슈가 무조건 최우선이 되지 않을 수도 있다는 점이다. 다른 이슈를 중시하는 영향자의 수가 더 많다면 그 이슈가 더 중요한 핵심 이슈가 될 수도 있다.

3) 경쟁사 비교

고객사의 핵심 이슈를 찾아냈다면 다음은 경쟁사와 우리를 비교할 차례다. 핵심 이슈를 기준으로 경쟁사와 우리의 역량, 속성을 평가해 본다. 표를 활용해 각 이슈별로 경쟁사와 우리의 강점의 비중을 정리해 보거나, 포지셔닝맵을 활용해 각자의 포지션을 찾아본다.

3C분석도 활용할 수 있다. 우리의 강점과 경쟁사의 약점, 고객의 니즈가 만나는 교점을 찾는 것이다. 이런 방법들을 활용해 경쟁사의 강점과 약점, 우리의 강점과 약점을 파악해 우리가 제안할 차별화 요소를 찾아낼 수 있다.

4) 우리의 강점을 고객의 핵심 이슈와 엮기

다음 단계는 고객의 핵심 이슈와 우리의 강점을 연결시키는 것이다. 우리의 강점을 극대화하고 약점을 최소화하며, 경쟁사의 약점은 극대화, 경쟁사의 강점을 최소화하는 전략을 세운다.

이런 전략이 없다면 대부분 우리의 강점만 늘어놓게 되는데, 언제나 명심할 것은 우리가 잘 하는 것이 아니라 고객사가 얻을 수 있는 이익을 말하는 것이다.

예를 들어 고객사의 핵심 이슈가 '건강하고 신선한 음식'이라면 '우리의 유기농 재배 농장과 자체 물류시스템을 통해 10% 절감된 비용으로 매일 건강하고 신선한 식재료를 공급받을 수 있습니다'라고 연결할 수 있다.

5) 고객사가 우리의 약점을 알고 있다면?

약점을 최소화한다고 없는 것처럼 꾸미는 것은 금물이다. 고객이 이미 알고 있는 약점이라면 이것이 공격의 포인트가 될 수 있기 때문에 분명히 짚고 넘어가는 것이 좋다. 대안을 제시하거나, 현재 약점을 보완하기 위해 실행하고 있는 것이 있다면 언급하도록 한다.

또 한가지 주의할 점은 경쟁사의 약점이나 강점을 전략에 활용하더라도 네거티브는 절대 하지 않도록 한다. 또한 RFP의 모든 니즈에 빠짐없이 성실히 답변해야 한다.

6) 단가 경쟁, 무조건 싸면 될까?

상당수 입찰 프레젠테이션은 단가 경쟁이 되는 경우가 많다. 제안 금액 안에 포함된 추가 제안도 필요하다. 그러나 부담될 정도의 가격 경쟁은 바람직하지 않다. 무리한 가격 경쟁은 서비스의 질을 낮출 뿐 아니라 수익성 악화로 이어질 수 있기 때문이다.

만약 어쩔 수 없이 가격 중심의 차별화를 해야 한다면, 가격과 품질의 연상고리를 끊어주도록 한다. 이를 위해서는 어떻게 우리가 가격을 낮출 수 있었는지를 설명하는 방법을 쓸 수 있다. 예를 들어, 직영으로 운영하는 농장에서 가져온 유기농 식재료라는 점을 내세우면, 가격이 저렴하더라도 싸구려라는 인상 대신 믿음을 줄 수 있을 것이다.

선택과 집중, 프렌차이즈 분식집이 아닌 한우물만 파는 노포의 전략으로 전략을 개발하다 보면 간혹 우리의 장점이 너무 많아서 어려울 때가 있다. 우리의 모든 장점을 말하고 싶은 유혹에 시달린다. 하지만 설사 우리가 많은 솔루션을 제공할 수 있다 하더라도 가장 핵심적인 몇 가지만 강조하는 것이 좋다. 모든 것을 말하는 것은 아무것도 말하지 않는 것과 같기 때문이다.

볼보는 수십 년 동안 안전성을 꾸준히 전달한 덕분에 '안전한 차' 하면 가장 먼저 떠오르는 차가 되었다. 구글은 다른 포털이 화면에 온갖 텍스트와 광고를 채우는 동안 철저히 '검색엔진 기능 향상'만 추구한 덕분에 1등의 검색엔진이 되었다.

피터 드러커는 "포기에 관한 결정은 아주 중요한데 가장 소홀히 여겨지고 있다"고 했다. 무엇에 집중하느냐보다 무엇에 집중하지 않느냐에 방점이 있다는 것이다.

선택과 집중에 관한 유명한 일화가 있다.

오리온 초코파이의 '정' 캠페인을 만든 광고회사 대표가 모 이동통신회사의 광고를 만들 때의 일이다.

제품의 여러 차별점 중 한 가지만 부각시키자는 제안에 그 통신회사의 마케팅 임원은 "우리의 좋은 점이 얼마나 많은데 왜 하나만 얘기하느냐"며 반박했다. 그러자 광고회사 대표는 "테니스를 좋아하신다고 해서 공을 준비했는데 하나 드려도 될까요?" 하며 공을 하나 던졌다. 그는 쉽게 공을 잡았고, 이어서 두 번째 공도 반대 손으로 쉽게 잡았다. 세 번째 공까지 잡아냈지만, 네 번째 공을 던지니 그 공을 잡느라 쥐고 있던 공하나를 떨어뜨렸고, 다섯 번째 공을 던지자 들고 있던 공을 모두 놓쳤다는 이야기다.

이렇듯 우리가 잘하는 모든 것을 고객에게 설명하려 하면 모두 놓칠 수 있다. 선택과 집중으로 소수의 전략에 집중할 때 그것은 더 강력해진다.

선택과 집중을 실현할 때는 주의할 사항이 있다. 바로 우리의 약점이 되는 영역이 고객의 핵심 이슈와 연관된다면 이를 경쟁이 가능한 정도까지는 올려야 한다는 것이다. 약점이 두드러지면 우리의 강점보다는 그 약점이 방해 요인이 되기 때문이다.

눈앞에 닥친 프레젠테이션을 앞두고 발견된 약점을 당장 보완하기는 어렵겠지만, 멀리 내다보고 보완할 필요는 있다. 지금 당장 수주하지 못할 프로젝트라도 다음 해, 그 다음 해는 노려볼 수 있지 않겠는가.

3. 커뮤니케이션의 차별화

빠져드는 전개 만들기

차별화된 전략을 개발했다면, 우리의 전략을 더 효과적으로 전달할 수 있는 커뮤니케이션 방식도 고려해야 한다. 이와 관련해서는 다른 챕터들에서 자세하게 다루므로 간략하게 소개하려 한다.

우리의 프레젠테이션에 몰입하게 만드는 가장 좋은 방법은 스토리텔링이다. 이야기는 힘이 세다.

미국 IT전문잡지 《와이어드》의 편집장 크리스 앤더슨(Chris Andersen)은 "말하기는 가장 오래된 미디어 양식이다. 우리는 원자로 만들어졌지만 우리 삶은 이야기와 서술로 만들어졌다. 우리가 다른 사람과 관계를 맺고, 세상을 이해하며, 우리의 경험과 기억을 축적해가는 건 결국 이야기다"라고 말했다.

기원 전부터 존재한 생명력이 긴 커뮤니케이션 수단인 이야기는 그만큼 전해지기 쉬운 형태이다. 스토리의 체계가 강할수록 기억에도 오래 남는데, 개연성 있고 감동적일수록 청중은 마음을 열어 받아들인다. 또한 앞뒤의 자연스러운 연결, 인과관계가 필요한데, 전체 프레젠테이션은 처음부터 끝까지 일관된 흐름으로 구성해야 한다.

잘 구성된 스토리텔링은 정보 전달뿐 아니라 청중의 정서적 공감까지 확보한다. 문제는 대부분 스토리텔링을 하려고 하면 무언가 막막해진다는 것이다. 도대체 무엇으로 스토리를 만들어야 할지 모르겠다. 그럴 때 한 가지 방법을 소개하자면 스토리텔링의 3C인 인물(Character), 갈등(Conflict), 결말(Conclusion)을 생각하면서 시나리오를 구성해보는 것이다.

시나리오 작법의 대가인 로버트 맥키(Robert Mckee)는 "스토리텔링에서 갈등은 음악에서 소리처럼 필수적이다"라고 말했다. 시나리오와는 다르지만 제안 프레젠테이션에서는 고객의 이슈, 문제점 등이 갈등이 될 것이다. 핵심 이슈를 도출하고 이를 해결해나가는 전략으로 스토리를 구성해볼 수 있다.

하지만 스토리를 만드는 데 정답은 없다. 우리가 보고 듣고 느낄 수 있는 모든 것이 스토리의 소재가 된다. 이때 중요한 것은 인간적이고 진정성 있는 것, 우리의 이야기라야 한다. 진실성이 없이 과장되거나 화려하기만 한 스토리는 오히려 거부감을 불러일으킬 수 있다.

영화나 소설처럼 완벽한 전개가 꼭 필요한 것도 아니다. 우리의 프레젠테이션의 흐름에 개연성이 부여되면 된다. 어떻게 해야 더 자연스럽고 매력적인 전개가 될지, 슬라이드의 배치를 바꿔보며 우리만의 스토리 라인을 꾸준히 연구해 보자.

한 번에 되는 것은 없다. 좋은 자료, 좋은 이야기, 좋은 프레젠테이션을 많이 보고 내 것으로 만드는 것을 추천한다.

이성과 감성의 균형

설득은 이성적 설득과 감성적 설득으로 구분할 수 있다. 따라서 청중이 프레젠테이션에서 감동하는 데는 여러 이유가 있을 수 있다. 제시한 전략과 자료가 완벽해서 이성적 감동을 유발할 수도 있고, 프리젠터의 열정이나 감성적인 멘트에 감동할 수도 있다. 하지만 어느 하나만 가지고는 완전히 설득할 수 없다. 이성적 논리와 감성이 적절히 조화를 이룰 때

비로소 가능하다.

핵심 이슈에 대한 전략, 그리고 그것을 뒷받침하는 여러 근거에 대해서는 최대한 정확하고 구체적으로 전달해야 한다. 멋진 표현을 하려다가 추상적인 표현이 되어버리면 전달력이 떨어지고 오히려 청중을 혼란스럽게 만든다. 객관적인 조사와 분석을 통한 전략을 내세울 때는 직관적으로 전달해야 속 시원한 솔루션이 된다.

반면에 처음부터 끝까지 논리적으로만 접근하면 금방 지루해진다. 평가도 결국엔 모두 사람이 하는 일이다. 논리적으로 이해시키는 것 못지않게 정서적인 공감을 불러일으키는 것도 중요하다. 감동을 주거나, 웃게 만드는 것이다.

〈티핑포인트〉의 저자 말콤 글래드웰(Malcolm Gladwell)은 "설득은 우리가 눈치채지 못하는 사이에 일어날 수 있다"고 말한다. 대체로 사람들은 확실하고 논리적인 근거를 바탕으로 사고하고 결정하고 행동하려고 하지만, 자신도 모르게 임의적이고 사소한 것에 설득을 당하기도 한다는 것이다.

대개는 오프닝과 클로징에서 감성 도구를 사용한다. 이때 주의할 점은 신파영화처럼 억지로 감동을 만들어내서는 안 된다는 점이다.

고객의 입장에서 생각해보면 답을 찾을 수 있다. 고객이 가장 중요하게 생각하는 것들이나 관심사, 고객의 스토리, 혹은 누구나 한 번쯤 해봤을 작지만 소중한 경험들을 활용하자. 소확행이란 말처럼 이런 소소한 것들에서 오히려 확실한 감동을 이끌어낼 수 있다.

앤드루 포터(Andrew Potter)는 〈진정성이라는 거짓말〉에서 "진정성의 정확한 실체는 모르지만 진정성 없는 것이 무엇인지는 직관적으로 알고 있으며 진정성이 뭐든 간에 사람들은 그것을 원한다"라고 했다.

결국 어떠한 전략이나 스킬도, 진정성이 없이는 완성될 수 없다. 말하는 기술이 어떠한지보다 무엇을 말할 것인지 본질이 더욱 중요하고, 무엇을 말할 것인지는 진정성에서 출발한다. 고객사의 입장을 진정성 있게 분석하고, 나다움을 담은 우리만의 차별화 전략을 무기로 입찰경쟁 프레젠테이션이라는 전장에 나간다면 승부는 결판난 것이다.

커리어를 열다, 시각을 바꾸다.

김수인

㈜비드리머 파트너 강사
단델리온커리어 교육컨설팅 대표
커리어코치협회 상임이사(23.01~23.12)
지간지교 운영 대표
전)부천대학교 평생교육원 외부강사
전)충북보건과학대학교 교과목 강사

경쟁입찰 프레젠테이션 현장에서
쓰이는 스토리
매력적인 이야기꾼으로!

"세상에서 가장 강력한 사람은 이야기꾼입니다.
이야기꾼은 다가올 전체 세대의 비전, 가치 및 의제를 설정합니다."
-Steve Jobs. Apple Inc. 공동 설립자-

스토리텔링은 프레젠테이션을 보다 기억에 남게 해주기 때문에 입찰경쟁에서는 필수적이다. 입찰경쟁 프레젠테이션에서 승리를 한다는 것은 다른 경쟁업체보다 더 매력적이고, 차별화할 수 있는 무기를 갖고 있다는 것을 증명한 셈이다. 과연 그 무기는 대체 무엇일까?

대부분의 많은 회사들은 입찰경쟁에서 본인 회사의 전문성과 역량을 기획 단계에서부터 촘촘하게 설계를 한다. 모든 경쟁업체들이 사활을 걸고 준비하기 때문에 경쟁입찰에서 성공하기 위해선 명확하고 설득력 있는 발표가 매우 중요하다. 그러기 위해서 회사가 선택하는 것이 바로 '스토리'다.

즉 프리젠터는 프레젠테이션을 기획할 때, 기업을 매력적으로 설명하고 해당 안건에 우리 기업이 꼭 선택되어야 하는 이유를 '스토리텔링'할 수 있는 '스토리텔러'가 되어야 한다. 그래서 그들은 기업이 갖고 있는 비즈니스 모델이나 상품에서 소비자의 공감을 이끌어낼 수 있는 스토리를 찾아내는 역량이 있어야 하는 것이다.

요즘은 스토리텔링을 넘어 스토리리빙의 시대로 들어서고 있다. *스토리빙은 생산자와 소비자가 함께 세계관을 구축하며 기업을 만들어가기 때문에, 스토리 생산자는 적극적으로 스토리를 만드는데 개입될 필요성이 더욱 부각되고 있다.

이번 장에서는 입찰경쟁에서 '스토리'가 가진 강력한 무기와 '스토리텔링의 방법'에 대해 설명하고자 한다.

*스토리리빙시대
일반적 스토리텔링은 스토리를 생상하는 생산자와 그것을 소비하는 소비자가 구분되어져 있다. 반면 스토리리빙은 생산자와 소비자 모두가 함께 스토리를 구축해나가는 것이다. 예를 들면 메타버스에서는 생산자가 구축한 메타버스 공간에서 소비자가 직접적 개입으로 다양한 콘텐츠를 만들어내고 있다.

1. 스토리텔링 의미

스토리텔링은 갑자기 나타난 개념일까?

우리는 모두 디즈니 동화의 이야기를 들으면서 자라거나 마블 시리즈의 영화에 푹 빠져본 적이 있다. 그때마다 우리는 그 이야기 속에서 즐거움을 느꼈다.

그래서인지 사람의 마음을 쏙 빼앗을 정도로 말을 재밌게 하는 '스토리텔러'는 어디서나 인기가 많다. 그들과의 대화는 시간이 가는 줄 모를 정도로 대화에 빠져든다.

아마도 사람들은 태어나서 부모님에게 말을 배우고 어려서 잠들기 전 동화책을 읽으며 상상의 나래를 펼쳤던 순간부터 스토리텔링을 본능적으로 사랑했을 것이다.

Storytelling은 Story(이야기)+Tell(말하기)+ing(~ 중)이다. 이를 하나씩 해석해 보면, 스토리텔링은 이야기를 주고받는 과정에서 '상대와 상황을 지속적으로 공유하여 감정을 상호작용한다'는 의미이다.

문학비평용어사전에 따르면 스토리텔링은 '스토리(story)+텔링(telling)'의 합성어로 말 그대로 '이야기하다'라는 의미를 지닌다. 즉 상대방에게 알리고자 하는 바를 재미있고 생생한 이야기로 설득력 있게 전달하는 것을 말한다.

사람들이 스토리텔링을 찾는 이유

스토리텔러는 청중들로 하여금 그 사람의 이야기를 듣고 싶게 만든다. 그리고 그 스토리를 말하는 사람은 무언가 다르다고 느낀다. 그래서 만나고 싶고, 매력적인 사람으로 보여질 수가 있는 것이다.

청중을 사로잡는 강력한 무기가 되는 스토리텔링을 찾는 이유를 4가지로 정리하면 아래와 같다.

첫째, 스토리텔링은 기억에 남도록 하는 강력한 방법이다. 뇌의 집중력을 높여 사람들이 그 스토리와 관련된 정보와 지식을 효과적으로 기억할 수 있게 도와 준다.

둘째, 스토리는 감성적 반응을 불러일으킨다. 사람들은 의사결정을 내릴 때, 이성적인 판단이 아닌 감성에 자극이 되면 자연스레 설득이 된다. 스스로가 결정을 할 수 있게 마음을 움직인다.

셋째, 스토리텔러들의 메시지는 사람들의 행동을 고무시킨다. 이야기를 듣는 사람들의 태도와 신념에 영감을 주거나 그들의 생각을 전환시켜 행동으로 이끌게 한다.

넷째, 정서적 유대감을 형성하며 사람들을 연결한다. 사람들의 공감을 얻는 스토리는 마음을 열게 한다. 진심어린 공감을 통해 서로 간의 이야기 속에서 하나가 될 수 있다.

2. 왜 입찰경쟁 프레젠테이션에서 스토리텔링이 효과적일까?

설득력 있는 스토리텔러는 입찰을 평범함에서 특별함으로 바꾸는 마법을 보여준다. 그렇다면 입찰경쟁에서 어떤 특별함을 보여줄 수 있는지에 대해 살펴보자.

경쟁입찰 프레젠테이션에서 스토리텔링을 통해 얻는 효과

먼저, 경쟁입찰 프레젠테이션에서 스토리는 참여자의 '관심과 참여'를 가져 올 수 있다.

스토리는 현장에서 청중들의 흥미를 불러일으킨다. 예를 들면 기업이 회사의 어려움에도 불구하고 성공적으로 완성한 프로젝트 경험을 이야기함으로써 청중에게 관심을 끌 수 있다. 이를 통해 기업이 가지고 있는 팀워크를 극적으로 부각시키며 강렬한 인상을 청중에게 남길 수 있다.

두 번째는 청중에게 가치를 전달한다.

가령 회사 설립자가 회사를 설립한 계기가 해당 경쟁입찰 주제와 일치한다면, 청중을 설득하는데 매우 유리하다.

예를 들면, 환경보존에 큰 주안점을 둔 입찰경쟁에서 자연과 환경보호 운동에 가치와 사명을 둔 CEO의 회사 설립 배경 스토리텔링을 연결하는 것이다. 입찰경쟁에서 설립자가 가진 사회적 가치와 환경보존의 사명이 회사에 큰 영감을 주었다는 것을 알린다면, 매력적인 발표가 될 것이다.

세 번째는 기업의 경험과 연관된 해당 업무의 전문성을 증명할 수 있다. 발표자 회사가 지금까지 다양한 과제를 어떻게 처리했는지에 대한 스토리를 연대기적으로 보여준다면, 청중을 사로잡을 수 있다. 또한 이를 통해 회사가 가진 전문적인 레퍼런스를 자연스럽게 어필할 수 있다.

네 번째는 정보를 알아듣기 쉽게 효과적으로 설명할 수 있다.

회사가 갖고 있는 IT기술력을 보여주는 경쟁입찰 프레젠테이션에서 해당 기술을 알아듣기 쉬운 예시가 담긴 스토리로 풀어간다. 그렇다면 해당 기술을 보유함으로써 더 나은 해결책을 가져다 줄 수 있다는 것을 더 쉽게 이해시킬 수 있다. 스토리 형식을 활용한다면 어려운 기술적 내용을 알아듣기 쉽게 더 잘 설명할 수 있다.

다섯 번째는 청중들에게 동기 부여를 해준다.

즉, 경쟁입찰 프레젠테이션에서 제시하는 기업의 솔루션이 잠재적으로 어떤 영향을 주는지를 스토리로 보여주는 것이다. 이 방법은 청중에게 공감을 얻을 수 있다는 가장 큰 장점이 있다.

예를 들어 기업에 제안하는 교육 프로그램을 통해 교육 혜택을 받지 못하는 학생에게 긍정적 영향을 줄 것임을 보여준다. 이를 통해 해당 프로그램이 사회적으로 선한 영향력을 줄 수 있다는 점을 강조한다면 청중에게 긍정적 영향력을 줄 수 있다.

여섯 번째는 팀원들의 개인적 일화를 통해 진정성을 보여줄 수 있다. 팀원들의 개인적 일화를 통해 프로젝트에 순수한 열정이 있음을 보여줄 수 있다.

예를 들어 의료기기 제품과 관련된 입찰경쟁 당시, 팀원들 가운데 한 사람이 건강이 좋지 않아 해당 제품을 만들게 되었다는 것을 설명해준다면, 해당 제품에는 진정성 있는 제품 기술 개발의 동기가 담겨지게 되는 것이다.

3. 어떻게 하면 입찰경쟁 스토리텔러가 될 수 있을까?

사람의 마음을 움직이는 이야기꾼, 스토리텔러는 결국 단순히 정보를 전달하는게 아니라 타인의 정서적 몰입과 함께 공감을 가져다 줄 수 있는 역량을 갖고 있어야 한다. 그렇다면 어떤 노력이 있어야 스토리텔러가 될 수 있을지 그 비법에 대해 알아보도록 하자.

일상생활 속에서 스토리텔러가 되는 법

스토리텔러가 되려면 본인 스스로가 스토리와 친해져야 한다. 자신이 겪은 이야기나 주변 사람들의 이야기, 더 나아가 책이나 다양한 곳에서 접하게 되는 이야기에 대해 직접 사람들과 나눠야 한다. 그 방법에 대해서 아래와 같이 정리해 보았다.

1) 다양한 분야의 이야기를 읽고 공부하기

소설, 에세이, 신문기사 등을 읽으며 캐릭터를 분석해 보고 , 매력적인 플롯이 무엇인지를 공부해야 한다. 결국 본인이 많은 재료를 가지고 있어야 이를 나의 이야기로 적용하는 방법을 스스로 터득할 수 있다.

2) 스토리텔러의 이야기(유튜버, 팟캐스트) 듣기

스토리텔링에 능한 사람들의 영상이나 음성을 통해 이야기를 풀어가는 방식을 통찰할 수 있다. 또는 말투나 표현 방식에 어떤 장점이 있는지를 알고 본인에게 적용해 볼 수 있다.

3) 영화나 드라마 시청하기

스토리텔링 요소가 가장 효과적으로 들어가 있는 것은 아무래도 드라마와 영화다. 제작자와 PD가 사용하는 시각적 스토리텔링과 청중을 사로잡는 다양한 연출법을 관찰할 필요가 있다.

4) 소리내어 이야기하기

결국엔 청중 앞에서 본인의 이야기를 직접 할 수 있어야 스토리텔러로 거듭날 수가 있다. 본인의 이야기를 꾸준히 친구들이나 동료에게 전달하는 것이 꼭 필요하다. 개인적인 경험이나 일화 또는 소설이나 영화의 줄거리를 주고 받는 대화를 통해서 스토리텔링 능력이 향상될 수 있다.

5) 스토리 내용 구성을 작성하고 수정하고 또 작성하기

청중을 단번에 사로잡는 이야기꾼이라도 내용 구성이 좋지 않으면 2%가 부족하다. 좋은 소재가 있더라도 내용을 어떻게 구성할 것인지에 대해 고민해야 한다. 스토리를 구구절절 설명만 하는 것이 아니다. 만약 스토리 내용이 너무 길어지면 과감히 삭제하라! 그리고 다시 이야기 구성을 정리하는 습관으로 더 나은 스토리텔러가 되어야 한다.

6) 대중 앞에서 스피치하기

대중 스피치에서는 스피커가 어떤 목소리로 어떤 전달 방식을 취하는지가 중요하다. 무대에서 활용하는 본인의 말투와 말의 속도, 몸짓 등을 살펴보고 다양한 연기와 표현 또한 접목해 보아야 한다.

7) 연습하고 또 연습하기

스토리텔링은 연습과 헌신으로 향상되는 기술임을 무조건 기억하자. 소재도 중요하지만 전달되는 방식도 스토리텔링의 성공 기준이 되기 때문이다. 본인의 이야기를 녹음도 해보고, 말하는 본인의 모습을 거울을 보며 모니터링하며 연습한다면 더 편안하고 설득력을 높이는 스토리텔러가 될 것이다.

경쟁입찰을 위해 필요한 스토리텔러 준비법

경쟁입찰 프레젠테이션을 위해 프리젠터는 어떤 연습이 있어야 할까? 아래 내용을 통해 입찰경쟁 제안을 차별화할 수 있는 이야기꾼 준비법을 정리해 보았다.

1) 청중을 철저히 확인하고 파악하라

경쟁입찰 프레젠테이션은 청중이 정해져 있다. 청중의 요구사항을 나열해 본다. 그리고 그들이 관심을 가질만한 소재가 무엇이 있는지를 파악하는 것이다. 결국, 해당 경쟁입찰의 의사결정자가 해당 프레젠테이션을 통해 궁극적으로 얻고 싶은 것이 무엇인지를 정리해야 한다.

2) 입찰 고객의 혜택에 다시 한번 집중하라

고객에게 제공되는 서비스와 그로 인해 얻는 혜택에 집중하라. 그리고 이를 정확히 설득하는 스토리텔링을 구상하라. 회사가 제시하는 솔루션이 고객의 상황을 개선시킬 수 있음을 보여줄 수 있는 이야기를 준비해야 한다.

3) 설득력있는 스토리를 제작하라

스토리는 크게 배경-위기-극복-변화 4단계로 구분이 된다. 경쟁입찰에서도 청중이 공감할 만한 소재로 위기 단계에서 갈등과 긴장감을 보여줄 수 있다. 그리고 극복과 변화를 거쳐 청중들에게 카타르시스를 느끼게 해야 한다. 즉, 극적 구조를 잘 활용할 수 있는 이야기 구성 제작이 필요하다. 해당 내용을 입찰경쟁 현장에서 어디에 어떻게 활용할 것인가를 영리하게 기획하는 연습이 매우 중요하다.

4) 데이터를 확실히 수집하라

청중을 설득할 때 신뢰도는 매우 중요하다. 본인이 주장하고자 하는 이야기의 데이터나 사례 연구, 그리고 성공 지표 등이 스토리와 통합되어야 청중이 설득된다. 즉, 스토리를 전달할 때, 이를 뒷받침할 데이터를 매끄럽게 구성하는 것이 필수적이다.

5) 시각자료를 스토리텔링에 사용하라

이미지나 비디오와 같은 시각자료는 스토리텔링에 매우 효과적이다. 경쟁입찰 프레젠테이션에서는 스토리를 더욱 매력적으로 보여줄 수 있는 시각자료(이미지, 인포그래픽, 비디오, PT디자인 구성 등)를 활용해야 한다. 연습을 할 때도 시각자료와 함께 매끄럽게 보여줄 수 있는 연습이 필요하다.

6) 시간을 정하고 리허설을 하라

할당된 프레젠테이션 시간 내에 스토리텔링을 효과적으로 전달할 수 있도록 연습해야 한다. 임팩트 있는 이야기를 간결하지만 필수적인 사항들이 모두 전달되도록 준비해야 한다. 언어와 비언적 요소까지 함께 추가하여 전달력을 높이고, 경쟁입찰 프로젠터로서 매끄러운 진행을 연습하도록 하자.

4. 경쟁입찰 프레젠테이션 스토리를 구상하는 방법은 무엇일까?

아무래도 경쟁입찰 프레젠테이션은 기획에서부터 스토리 구상이 들어가야 한다. 그렇다면 입찰 프레젠테이션의 목표에 부합하고 청중을 사로잡을 수 있는 매력적인 스토리 구상법은 무엇이 있을까?

프레젠테이션 기획에서 꼭 필요한 스토리 구상 방법을 단계별 질문지로 제시하니 스토리 구상을 할 때 단계별로 확인해보길 바란다.

1단계: 프레젠테이션 기획 의도에 따른 핵심 메시지와의 연관성 확인

　- 입찰 프레젠테이션의 핵심 메시지는 무엇인가?

　- 입찰 프레젠테이션을 통해 청중이 무엇을 기억하길 바라나?

　- 입찰의 중심 주제에 맞는 스토리 소재들을 정리해 보자.

2단계: 청중의 관심사와의 연관성 확인

 - 입찰 프레젠테이션의 청중은 정확히 누구인가?
 - 청중들은 어떤 관심이나 문제점을 갖고 있을까?
 - 의사결정자들이 공감을 얻을 만한 스토리 소재는 무엇이 있을까?
 - 의사결정자들이 해당 경쟁입찰을 통해 얻고 싶은 혜택과 서비스는 무엇일까?

3단계: 스토리의 소재 선정 단계

 - 1단계, 2단계에 부합하는 스토리 소재를 다시 한번 나열한다면 어떤 것이 있을지 모두 나열해 보자.
- 해당 소재들 가운데, 고객에게 혜택이나 가치를 주는 것은 무엇인가?
- 해당 소재들 가운데, 입찰 제안의 목적과 가장 연관이 높은 것은 무엇인가?

4단계: 스토리 구상 단계

 - 스토리의 주제와 핵심 메시지를 무엇으로 하면 좋을까?
 - 스토리의 주인공과 캐릭터는 누구인가?
 - 스토리 극적 구조 4단계 중 배경 단계를 말해보라. 주인공의 배경과 상황은 무엇인가?
 - 스토리 극적 구조 4단계 중 위기 단계는 무엇인가? 긴장감을 일으키고 갈등을 유발한 사건이 있나? 또는 청중에게 공감을 줄 수 있는 요

소는 무엇인가?

 - 스토리 극적 구조 4단계 중 극복 단계를 설명해 보라. 위기 극복과정에서 사람들에게 어떤 카타르시스를 주고 있는가 또는 어떤 용기와힘을 주고 있는가?

 - 스토리 극적 구조 4단계 중 변화의 단계는? 즉, 위기를 극복한 다음찾아오는 변화에 대해서 말해보자.

5단계: 스토리와 입찰 내용 관련성 확인

- 구상한 스토리가 입찰 주제와 관련해 어떤 메시지를 주고 있나?

- 스토리가 제공하고자 하는 솔루션에 어떤 긍정적인 영향을 미치는가?

6단계: 스토리를 통한 회사의 차별화 전략 확인

- 스토리가 회사의 능력을 어떻게 보여주고 있나?

- 스토리가 회사의 전문적 레퍼런스나 경험을 제시하고 있나?

- 스토리에서 팀원들의 열정과 진정성이 직·간접적으로 느껴지는가?

- 스토리를 통해 기업의 어떤 차별화된 모습을 보여줄 수 있나?

7단계: 스토리를 통한 청중과의 관계성 확인

- 스토리를 통해 현장에 있는 청중에게 어떤 동기부여를 줄 수 있나?

- 스토리를 통해 현장에 있는 청중에게 어떤 감정을 전달할 수 있을까?

8단계: 스토리를 부각할 수 있는 전달 방식 확인

- 해당 스토리를 전달할 때 어떤 목소리 톤이 좋을까?

- 해당 스토리를 전달할 때 어떤 표정과 제스처가 가장 좋을까?

- 해당 스토리를 전달할 때 필요한 시각자료는 어떤 것일까?

- 스토리텔링시 발표자의 동선은 어떻게 하면 좋을까?

- 스토리를 전달하는 스토리텔러의 열정과 진정성이 느껴지나?

눈에만 머무르지 않고, 마음에 기억되는 말을 전합니다.
전문 프리젠터 신현지입니다.

신현지

現 CJ프레시웨이(주) 수석 프리젠터 겸 사내강사
CJ나눔재단 대학생 임직원멘토링 PT멘토 특강
대학생 연합 프레젠테이션 학회 심사위원 및 초청강사
前 (주)아워홈 식음 전문 프리젠터
(주)디지틀조선일보 리포터

오프닝, 클로징의 중요성
강렬한 기억은 선택으로 향한다

1. 경쟁입찰 프레젠테이션 오프닝과 클로징의 중요성

정보 전달 위주의 운영 계획 제안서를 작성하는 기업의 입장에서는, 오프닝과 클로징의 중요성을 크게 생각하지 않는 경우가 많다. 실제로 제안서를 작성하는 영업 담당자가 오프닝, 클로징을 기획하고 작성하는 경우는 극히 드물다. 그러나 기업의 첫인상을 좌우하고, 심사위원에게 임팩트 있는 인상을 남길 수 있는 오프닝, 클로징은 현장에서 굉장히 중요한 역할을 하게 된다. 따라서 오프닝, 클로징의 중요성을 알리고 기획 및 작성하는 것은 발표자의 필수적인 역할이 된다.

경쟁입찰 프레젠테이션 현장에는 다수의 기업이 한자리에 모인다. 청중, 즉 심사위원들은 한자리에서 비교적 긴 시간 동안 다수의 제안 발표를 듣게 되는 것이다.

각 기업들의 제안 내용은 별반 다르지않다. 제안 내용 중 객관적(정량적) 평가를 받는 많은 내용들이 중복될 가능성이 높으며, 각 사의 차별화 포인트 일부분만이 차이가 나는 경우가 대부분이다.

이런 상황을 심사위원 입장에서 한번 생각해 보자. 운영 능력과 제안 내용들이 대동소이한 기업들 가운데에서 한 업체만을 선택해야 한다. 그렇기에, 우리는 반드시 그들에게 임팩트 있는 인상을 남겨줘야 한다.

정보는 전달되고 스토리는 기억에 남는다는 말이 있다.

제안서에는 기업의 강점과 운영 계획 등에 관한 많은 정보가 담긴다. 발표자는 이러한 정보를 설득력 있게 전달하는 역할을 하며, 동시에 청중들의 기억에 남기기 위해 제안에 스토리를 입혀야만 한다. 그런 스토리텔링 하기에 가장 좋은 장치가 바로 오프닝과 클로징인 것이다. 실제로 오프닝과 클로징의 심리학적 효과는 많은 실험들을 통해서 증명되었다.

첫인상의 중요성, 오프닝의 초두효과

초두효과(primacy effect)란 가장 처음에 들어온 정보가, 나중에 들어온 정보보다 더욱 기억에 잘 남는 현상을 의미하는 심리학적 용어이다. 특히나 청중에게 친숙한 정보가 한꺼번에 많이 전달 될 때 초두효과가 일어날 가능성이 높다. 이는 주어지는 정보에 대해서 잘 알고 있을 경우 비교적 빨리 판단을 내리고, 후반부로 갈수록 메시지에 주의를 기울이지 않기 때문이다.

입찰 수주의 당락을 결정짓는 평가를 위한 제안 발표는 업체가 평가장에 등장하는 순간부터 시작된다. 경쟁입찰 프레젠테이션에서, 심사위원들에게 우리는 단순한 평가 대상 중 하나이기 때문에 객관적인 시선으로 우리의 등장을 지켜볼 것이다. 그러한 시선을, 호감이 가고 호기심이 드는 시선으로 바꾸기 위한 오프닝은 필수적인 것이다.

바바라 월터스(앵커, MC)는 "어떤 인상을 주는가에 따라 운명이 좌우된다. 예외는 극히 드물다"라고 말했다.

제안을 요약하고 다시 한번 강조하는, 클로징의 최신효과

최신효과(recency effect)란 초두효과와 상반되는 효과로 가장 최신에 들어온, 즉 마지막에 제시된 정보가 가장 기억에 잘 남는 현상을 의미하는 심리학적 용어이다. 특히나 많은 정보가 한꺼번에 주어졌을 때, 메시지가 낯선 것일수록 최신효과가 일어날 확률이 높아진다.

경쟁입찰 프레젠테이션의 발표 시간은 평균 20분 내외로 진행이 된다. 20분 동안 발표자는 오롯이 혼자서 제안 내용을 전달하게 되는데, 아무리 훌륭한 발표자가 뛰어난 전달력으로 발표를 진행한다 하더라도 청중이 모든 내용을 빠짐없이 기억하기는 쉽지 않다.

최소한, 평가에 큰 영향을 미칠 수 있는 제안 내용 상의 포인트와 특장점은 반드시 기억에 남겨줘야 한다. 청중에게 마지막으로 어필 할 수 있는 기회, 매력적이고 임팩트있는 클로징을 반드시 준비하자.

2. 효과적인 오프닝, 클로징 기획하기

오프닝, 클로징은 제안서 내용 중에 발표자가 가장 주도적으로 기획하고 작성할 수 있는 부분이다. 발표자 역시 제안서 기획 단계부터 함께 하고, 일부 제안서 작성 작업을 하는 경우도 있지만, 주된 작성은 영업 담당자가 맡게 된다. 발표자는 약 100장 내외에 육박하는 제안서의 흐름이 최대한 자연스러울 수 있도록 스토리를 입히는 역할을 하는데, 앞서 말했듯이 가장 효과적인 스토리텔링 장치는, 바로 오프닝과 클로징이다.

매력적인 오프닝, 클로징은 우리의 제안을 심사위원들의 기억에 남기고, 평가에도 좋은 영향을 미칠 것을 기대하게 한다. 이를 위해, 발표자는 우선적으로 전반적인 제안 배경이나, 제안 내용 그리고 주된 전달 메시지(key message)를 파악해야만 한다.

고객사, 제안사, 시장 상황 등 모든 정보 모으기
마이닝(Mining 채굴) 작업

청중, 즉 심사위원들로부터 호감을 얻을 수 있는 오프닝, 클로징을 기획하기 위해서는 정확한 정보 파악이 선행되어야 한다. 아무리 잘 작성된 오프닝, 클로징이라 할지라도 청중의 반감을 살 수 있는 내용이나 잘못 파악된 정보가 담긴다면 실패한 스토리가 된다.

예를 들어, 경제적인 위기를 겪고 있는 고객사 앞에서, 단순히 우리 회사가 매출 1위이니 당연히 믿고 맡기라는 인사말은 적절치 못하다. 혹은 과거 해외시장에 진출했다가 해외 사업을 접은 고객사의 상황을 인지하지 못한 채, "여러분의 성공적인 해외 진출, 그 길을 저희가 함께 동행하겠습니다"라고 말하는 전략도 옳지 않다. 따라서 사전에 충분히 파악된 정보들을 토대로, 시의적절하게 오프닝과 클로징을 기획하는 것이 중요하다.

　정보를 파악하는 마이닝 작업은, 다양한 창구를 통해 가능하다. 고객사 홈페이지, SNS, 뉴스기사, 그리고 직접 대면하는 미팅 등을 통해서 최근 시장 상황이나 고객사의 니즈를 파악할 수 있다.

　이러한 각종 정보들을 토대로, 제안 배경과 제안 목적 등을 도출하고, 전달하고자 하는 가장 중요한 메시지가 더해진 발표자만의 스토리를 입히면, 효과적인 오프닝과 클로징이 가능해진다.

제안 발표하기 좋은 분위기 만들기, 아이스 브레이킹(Ice breaking) 오프닝

　경쟁입찰 프레젠테이션을 진행하기 위해 평가장으로 들어설 때, 연극 배우들이 무대에 오를 때 느끼는 감정과 비슷할 것이라 생각한다. 열심히 준비하고 연습한 것들을 청중들 앞에서 선보이고 평가받는 장소임은 동일하기 때문이다.

평가장의 분위기는 대부분 엄숙하며, 심사위원들은 이유 없이 웃어주지 않는다. 그러한 분위기를 프레젠테이션 하기 좋은 분위기로 전환시키고, 심사위원들이 집중해서 잘 지켜볼 수 있도록 만들어 주는 것이 바로 오프닝의 역할이다.

"안녕하십니까, 발표를 진행하게 된 A사의 000입니다. 지금부터 제안 발표를 시작하겠습니다."

대부분의 발표는 이와 같이 가벼운 인사로 시작되고 바로 제안의 본론으로 들어간다. 그러나 같은 인사말도 약간의 변화를 주면 무거운 분위기의 긴장감을 다소 누그러뜨릴 수 있다.

"기분 좋은 날씨의 오늘, 여러분을 만나게 되어 더욱 설레는데요. 여러분과 함께할 미래를 기대하며 설레는 마음으로 A사의 발표를 시작하겠습니다."

이처럼 업체의 첫인상을 좌우하는 인사말도 성실히 준비해 보자.

인사말 이후 바로 제안의 본론으로 들어가기엔, 아직 우리의 제안 내용에 대한 심사위원들의 궁금증과 호기심이 자극되지 않았다. 심사위원들의 집중력과 시선을 이끌어내야만 한다.

예를 들어, "아직까지도 코로나가 기승인데요. 여러분의 일상생활에서 가장 큰 변화는 무엇인가요? 아마 다양한 불편함이 생겨났을 것 같습니다. 심지어 우리의 식당에서도 각종 불편함을 쉽게 만나게 되는데요. 여러분이 겪고 계신 크고 작은 불편함을, 저희가 해결해 드리고자 다음과 같이 제안을 준비했습니다"와 같이 공감하기 쉬운 질문을 건네서 심사위원으로 하여금 생각하게 만들 수 있다.

꼭 답변을 들을 필요는 없다. 질문을 받고 생각하는 것만으로도, 심사위원들의 집중을 이끌어 낼 수 있기 때문이다. 더불어 자연스럽게 우리의 제안 배경과 제안 내용으로 발표를 이어갈 수 있게 된다.

질문을 던지는 방법 이외에도, 유명한 명언이나 글귀를 인용하는 방법, 시사적인 이슈를 적용하는 방법, 그리고 고객사의 가장 주된 관심사를 활용하는 방법 등을 통해 심사위원의 호기심을 자극할 수 있다.

이러한 오프닝 슬라이드의 구성은, 많은 텍스트를 담는 것보다 의미가 잘 전달 될 수 있는 함축적인 하나의 이미지에, 간략한 원 메시지(One message)로 표현하는 것이 가장 효과적이다.

만일 발표를 시작할 때부터, 심사위원의 시선이 발표자나 PPT화면이 아닌, 출력된 제안서가 올려진 책상만을 향하고 있다면, 발표가 끝날 때까지 그 시선을 유도해내는 것은 어려운 일이 될 것이다.

발표자가 직접 기획한 스토리가 담긴 오프닝을 잘 활용한다면, 발표 시작부터 심사위원의 시선을 사로잡고 제안 내용에 대한 궁금증을 유발할 수 있다. 더불어 날카로운 평가장의 분위기를 조금은 편안한 분위기로 전환하는 효과도 기대할 수 있다.

그때가 가장 발표하기 좋은 순간이다. 심사위원들과 충분히 교감하며 준비한 제안 내용을 발표가 아닌 대화하듯이 풀어낼 수 있을 것이다.

수주를 위한 마지막 한마디, 후회 없는 클로징

경쟁입찰 프레젠테이션은 각 업체별로 평균 약 20분간, 수주 성공이라는 목적을 달성하기 위해 치열하게 진행된다.

발표자는 발표 시작부터 끝까지, 오로지 심사위원들을 설득하기 위해 준비한 다량의 제안 내용을 전달한다. 주어진 시간 안에 끊임없이 제안 내용을 어필해야만 하는 것이다. 만약 심사위원들에게, 우리의 제안이 분명한 이익이나 이점을 가져다 준다는 것을 명확히 각인시켜 준다면, 좋은 평가를 받을 확률이 매우 높아질 것이다.

"만약 여러분께서 저희 회사를 믿고 선택해 주신다면, 저희는 말씀 드린 A, B, C 제안을 반드시 이행하여, 현재 여러분들이 겪고 계신 불편함과 고민들을 해결해 드릴 것을 약속드립니다."

우리의 고객인 심사위원들로 하여금, 우리와 함께 할 경우의 희망적인 미래를 상상할 수 있도록 만드는 것이다.

경쟁입찰 프레젠테이션을 다수 진행하다 보면, 굉장히 다양한 유형의 고객사를 만나게 된다. 그에 따라 평가장의 분위기도 다양해진다. 발표자는 고객사의 성향에 맞추어, 가장 효과적인 클로징 스토리텔링을 할 필요가 있다.

위에서 언급한 바와 같이 제안 내용의 강점을 다시 한번 어필하는 것이 효과적인 경우가 있는 반면, 때로는 제안 발표를 마무리 지으며 감동과 여운을 전달하는 것이 더 효과적인 경우도 있다. 이는 수치화할 수 있는 객관적인 이점이 아닌, 고객을 위한 진심이 가득 담긴 정성 어린 감성 자극을 말한다.

"삼고초려(三顧草廬). 여러분께서 잘 알고 계신 사자성어로, 훌륭한 인재를 모시기 위해 최선을 다하는, 끈기 있는 모습을 비유하는 말입니다. 저희 A사는 고객 여러분과 반드시 함께 하겠다는 마음가짐으로, 삼고초려하여 오늘 이 자리에 섰습니다. 지난 두 번의 입찰에서는 고배를 마셨지만, 이번 만큼은 꼭 여러분의 마음을 사로잡고자, 어느 누구보다 열정적으로 고민하여 오늘의 제안을 준비했습니다. 유비가 마침내 제갈량을 설득하여 함께 승승장구했듯이, 귀사의 더 큰 번영을 위해, 진심을 다하는 든든한 지원군이 되어드리겠습니다. 감사합니다."

준비해온 제안에 대한 진심을 어필하는 스토리텔링으로 고객을 감동시키는 것이다. 정량적인 이득이 가장 큰 니즈(Needs)가 아닌, 고객사에게 감성 자극은 강점 어필보다 훨씬 더 효과적이다.

심사위원이 평가서를 작성하기 직전에 전달되는 마지막 한 마디, 클로징. 최선을 다해 준비한 제안 발표의 후회 없는 끝맺음을 위해서, 클로징은 발표자에게 선택이 아니라 필수이다.

기업 대표로 나서는 입찰 프레젠테이션의 발표자로서, 심사위원이 업체들을 평가할 때, 한번 더 떠올려질 수 있도록 기억되는 클로징을 준비하자.

단, 클로징에 너무 긴 시간을 할애하는 것은 지양해야 한다. 이미 긴 시간 동안 발표를 들은 심사위원들은 듣는 것에 지쳐있을 확률이 높다. 발표가 끝난 줄 알았는데 클로징 멘트를 과하게 길게 한다면, 집중해서 긍정적인 시선으로 들을 청중은 거의 없다. 따라서, 최대한 간결하면서도 임팩트 있는 클로징을 준비 하는 것이 좋다.

3. 실전 오프닝, 클로징 활용 사례

식음업계 입찰 전문 프리젠터로 9년째 근무하면서, 다수의 오프닝과 클로징을 기획하고 작성했다. 마이닝 작업을 통해, 고객에 대한 정보를 파악하고, 제안 내용의 핵심을 요약하여, 가장 중요한 메시지를 담아냈다. 제안의 특성과 고객사의 성향에 따라서 오프닝, 클로징 성격도 달라지는데, 현장에서 효과적이었던 실제 사례들을 공유하고자 한다.

오프닝 실전 사례_1 질문을 던져 심사위원과 교감하고 공감하기

"여러분께서는, 출근해서 퇴근 전까지의 하루 중 가장 기다려지는 순간이 언제인가요? 저는 바로, 점심시간이 기다려집니다. 직장인의 점심시간, 어떻게 보면 하루 중에 가장 기다려지는 시간으로, '하루의 낙'이라고도 할 수 있을 텐데요. 식사를 든든하고 만족스럽게 하면 그만큼 일의 능률도 오르고 자연스레 기분도 좋아집니다. 열심히 일하시느라 바쁘고 지친 우리 OO(고객사명) 여러분들의 한 끼 식사, 정성 가득 담아 든든하게 책임져드리고자 이 자리에 나왔습니다. 여러분의 하루의 낙을 저희 A사가 함께 하고 싶습니다. 저희 A사의 맛있는 제안, 지금부터 시작하겠습니다."

심사위원이 편안하게 공감하고 생각할 수 있는 질문을 던지며 시작했던 오프닝이다. 다소 무거운 평가장의 분위기를 누그러뜨리고, 심사위원과 친근감 있게 교감하며, 따뜻한 분위기로 발표를 시작할 수 있었다.

PPT 슬라이드에는 많은 내용을 담지 않았다. 직장인 이미지를 떠올릴 수 있는 사진 한 장에, '직장인의 점심시간' 그리고 '하루의 낙'이라는 문구만을 적었다. 안부를 묻는 듯한 친근한 말투로, 심사위원과 대화하듯 눈을 마주치며 발표를 이어나갔다.

오프닝 실전 사례_2 고객사의 현재 상황을 반영한 질문과 스토리텔링

"여러분, 코이 물고기를 아십니까? 코이 물고기의 성장은, 작은 어항 속에서는 8cm까지가 최대이지만, 연못에서는 25cm까지, 강물에서는 100cm가 넘는 대어가 된다고 합니다. 코이 물고기와 마찬가지로

사람 역시 어떤 환경에서 생활하느냐에 따라 그 성장이 달라집니다. 귀사의 새로운 시작이 더 큰 성공으로 이어질 수 있도록, 저희 A사가 맛있고 건강한 환경을 만들겠습니다. 그럼 지금부터 저희가 준비한 제안 발표를 시작하겠습니다."

새롭게 이전 오픈을 앞두고 있는 고객사의 직원식당 위탁 운영권을 수주하기 위한 입찰PT의 오프닝이었다. 고객사의 현재 상황을 분명히 이해하고, 현재 그들에게 필요한 것이 무엇인지, 그리고 그 부분을 우리가 해결해 드리겠다며, 준비한 제안 발표를 시작했다.

위와 비슷한 상황에서 사용했던 유사한 오프닝이 있다.

"영어 단어 'Change'의 g를, c로 바꾸면, 'Chance' 기회가 된다는 말, 한 번쯤은 들어보셨을 것 같습니다.

여러분이 고민하고 계신 새로운 변화를, 성공을 위한 기회로 만들어 드리겠습니다. 변화를 통한 새로운 기회, 저희가 준비한 제안을 시작하겠습니다."

식당 운영 방법을 직영 운영에서 위탁 운영으로 전환하는 것을 고민하고 있던 고객사에게 제안했던 오프닝이다. 그러한 변화가, 고객사에게 두려운 것이 아니라, 또 다른 기회가 될 수 있다고 말하며, 그렇게 될 수 있도록 어떠한 노력과 제안을 준비했는지 이어서 설명했다.

변화를 선택하고, 우리 업체를 선택했을 때 생겨나는 이점들을 특히나 강조했던 기억이 있다. 결국, 믿고 맡겨 보겠다는 좋은 결과를 얻었다.

분명 수주 성공의 원인이 '오프닝'만은 아니다. 그러나 심사위원으로 하여금 뒤 이어 나올 본 제안 내용에 대한 궁금증과 호기심을 유발할 수 있는 것은 확실하다. 그 궁금증은 제안 내용에 대한 관심으로 이어지기에 좋은 결과를 얻을 수 있는 확률도 높아진다.

오프닝 실전 사례_3 시사 이슈(총선거)를 활용한 흥미 유발

"고객이 짜다면 짜다. 안녕하십니까, 기호 1번, '맛있는 식당' 소속 OOO입니다. 고객의 의견을 최우선의 가치로 여기며, 약속을 꼭 지키는 성실한 모습을 보여드리겠습니다. 그럼 지금부터 여러분과 함께 하기 위해 준비한, 저희의 공약을 하나씩 설명해드리겠습니다."

해당 오프닝을 기획했던 입찰PT는 지방 총선거 하루 전 날 진행됐다.

연매출 규모가 약 100억 원에 달하는 대형 입찰건으로, 다수의 경쟁 업체가 모두 참여한 입찰이었다. 회사를 대표해서 발표자로 나선 나에게 주어진 가장 큰 미션은 심사위원에게 기억되고 좋은 평가를 이끌어내는 것이었다.

'어떻게 하면 다수의 업체들 가운데서 기억에 남을 수 있을까' 하는 고민 끝에 만들어진 오프닝으로, 최종 목표는 심사위원들의 최종 평가시에 '아까 그 기호 1번 업체'가 떠오르게 하는 것이었다.

선거 유세에 나서는 컨셉의 오프닝으로, 뒤 이어 나올 우리의 제안은 선거 공약이 되는 컨셉이었다. 그리고 확실한 임팩트를 위해, 클로징에는 선거 공약 영상을 준비했다(클로징 실전 사례_1).

발표 시작과 함께 선거 유세를 외치는 큰 목소리에 심사위원들은 출력된 자료가 아니라 단상 앞 PPT 화면과 발표자인 나를 주목했으며, 시선이 집중된 분위기 속에 자신감 넘치게 제안 발표를 이어나갈 수 있었다.

위에서 제시된 사례들 외에 고객사의 경영가치나 슬로건을 활용하여 심사위원과의 공감대를 형성하는 방법도 있다(심사위원이 고객사의 임직원으로 구성되는 경우에 해당). 혹은, 준비한 제안 내용의 포인트를 속담이나 명언으로 비유하며 활용할 수도 있으며, 고객사의 특성을 반영하는 방법 등도 있다.

예를 들어, 골프장 식음 제안의 경우 골프 용어인 '티샷, 홀인원' 등을 활용하고, 고객사가 병원인 경우 '히포크라테스 선서' 등을 활용해볼 수 있다.

클로징 실전 사례_1 시사 이슈(총선거)를 활용한 흥미 유발

"(영상 재생) 믿을 수 있는 식당을 원하십니까? 여러분의 선택으로, 나와 내 동료 그리고 우리 회사의 환경이 바뀝니다. 약속을 꼭 지키는 식당. 운영 기간 내내 초심을 잃지 않고, 늘 성실한 식당. 저희 A사가 되겠습니다."

오프닝부터 시작한 선거 유세 컨셉을 발표 마무리까지 이어가서, 한 번 더 임팩트를 남기고자 준비했던 클로징이다.

클로징은 더 효과적일 수 있도록 영상으로 제작하였다. 집중력을 한껏 끌어올리려, 선거 공약, 즉 제안 포인트를 한 번 더 강조했다.

실제로 한 업체의 제안 발표가 마무리 될 즈음, 심사위원들은 자료를 정리하거나, 뒤이어 진행될 질의응답을 준비하는 등의 제스처를 취한다. 발표에 대한 집중력이 끝난 상태인 것이다. 그때 클로징을 준비한다면, 마지막으로 한 번 더 심사위원들의 집중력을 끌어올려 자신의 메시지를 어필 할 수 있다. 가장 시선을 사로 잡는 영상을 활용하면 그 효과가 더욱 크다.

클로징 실전 사례_2 강점을 3가지로 요약 어필하기

"마지막으로 타사와 차별화되는 저희의 강점 3가지 말씀드리며 발표 마무리 하겠습니다. 첫째, 00입니다. 이를 통해 여러분에게 00한 운영을 약속 드릴 수 있습니다. 둘째, 저희는 00이 가능합니다. 이를 기반으로 00한 서비스를 제공하겠습니다. 마지막으로 00은, 여러분의 가장 큰 고민인 00을 해결해 드릴 수 있습니다."

강점 요약 어필은, 3가지로 하는 것이 가장 효과적이다. 그리고 그 강점은 반드시 심사위원에게 돌아갈 이점으로까지 연결되어야만 한다. 단순한 강점 나열로 끝이 난다면, 오히려 심사위원의 반감을 살 수도 있으며, 기억에 남지 않아, 좋은 평가로 이어지는 것을 기대하기 어려울 것이다.

클로징 실전 사례_3 감정에 호소하는 감동적인 클로징

"(영상 재생) 여러분과 함께 했던 지난 5년간의 시간. 항상 '내 가족이 먹는다'라는 마음으로, 여러분들을 위해 정성스러운 식사를 준비해왔습니다. 끼니를 같이하는 사람을 '식구'라고 합니다. 그저 '위탁운영업체'라고 생각하지 않습니다. 이제 저희는 그 누구보다 여러분의 입맛을 가장 잘 아는 식구입니다. 앞으로도 따뜻한 식사 함께 하고 싶습니다. 이상으로 발표를 마칩니다. 감사합니다."

현재 운영 중인 고객사의 계약 기간 연장을 위해 준비했던 재계약 PT의 클로징이다. 영상 속에는, 심사위원에게 친숙한 현장의 운영 인력(식당 영양사, 조리사 등)들이 등장한다. 영상이 시작되기 전에 클로징을 예고하며, "오늘도 여러분 식당에서 만나셨던 저희 직원들이 준비한 영상입니다"라는 멘트로 시작했다.

해당 컨셉의 클로징은, 재계약 PT를 준비할 때, 자주 활용한 방법이다. 고객사마다 과거 운영 사진과 직원들의 영상을 새롭게 준비해야 하지만, 그만큼 효과적이기 때문이다. 실제로, 해당 클로징을 활용하여 진행했던 입찰건은 모두 재계약에 성공했다. 이처럼 제안 특성을 최대로 활용하는 것도, 임팩트 있는 클로징을 하는 하나의 방법이다.

경쟁입찰 프레젠테이션을 준비하는 데는 다수의 인력과 긴 시간이 소모된다. 발표자는 가장 최전선에 서서 기업을 대표하는 사람이다. 모두가 오랜 시간 공들여 준비한 프레젠테이션을 '용두사미(龍頭蛇尾)'나 '사두용미(蛇頭龍尾)'가 아닌, '용두용미(龍頭龍尾)'가 될 수 있도록, 발표자로서, 오프닝과 클로징의 중요성을 분명히 인식하고, 심사위원의 기억에 남을 수 있는 오프닝과 클로징을 활용하자.

전부 날아가 버릴 것 같아도 그것이 새로운 시작! 모든 끝은 새로운 시작이다.

김세영

성우
KBS 방송인
삼성중공업 사내방송 아나운서
현대자동차 사내방송 아나운서
서울대학교 프레젠테이션 동아리 심사위원

경쟁입찰 PT에서의 화법
입이 원하는 말 vs 귀가 원하는 말

1. 화법의 중요성

"너 말을 왜 그렇게 해?"라는 말을 들어본 적이 있는가?

가족, 친구, 연인 등 다양한 관계를 맺고 살아가다 보면 한 번쯤은 이런 말을 들어본 적이 있을 것이다. 같은 말을 하더라도 어떤 화법을 쓰느냐에 따라 전해지는 의미는 크게 달라진다.

화법이란 단어 그대로, '말하는 방법'이란 뜻을 가지고 있다. 그런데 수십 년 넘게 자연스럽게 말을 잘 하고 있는 나에게도 굳이 말하는 방법이 필요한 걸까?

화법이라는 단어를 검색하기만 해도 여러 연관검색어가 나온다. 3인칭 화법, 충청도 화법, 교토식 화법, 유체이탈 화법, 쿠션 화법 등 다양한 화법들이 검색되는 걸 볼 수 있다.

세 사람이 모여서 이야기를 할 때 하나의 언어로 같은 단어들을 이야기해도 같은 화법으로 말을 하지는 않는다. 하나의 언어로 대화할 때 같은 단어를 사용하면서도 다양한 화법으로 말할 수 있다.

그렇다면 경쟁입찰 프레젠테이션을 할 때 어떤 화법으로 말해야 도움을 받을 수 있는지 알아보자.

첫인상은 0.3초

내가 강의를 할 때 가장 많이 하는 질문이 있다.

"여러분은 상대방이 말을 할 때 어디를 보고 계세요?"

어디를 볼 것 같은가? 많은 사람들은 "눈 혹은 입"이라고 말한다. 코로나 이후 마스크를 쓰고 생활할 때는 대부분 눈이라고 답한다. 이외에도 귀걸이, 머리, 옷, 전체적인 느낌 등 다양한 대답이 나온다.

메러비안 법칙(미국 캘리포니아대학교 심리학과 명예교수이자 심리학자인 앨버트 메러비안(Albert Mehrabian)이 발표한 이론)에서는 소통에 있어 말의 내용이 7% 청각적인 요소 38% 시각적인 요소는 55%가 영향을 미친다고 한다. 즉, 효과적인 소통에 있어 말의 내용보다 비언어적 요소인 시각과 청각에 의해 더 큰 영향을 받는다는 것이다.

하지만 나는 조금 다르게 해석한다. 시각적인 요소는 상대가 연예인이 아닌 이상 분명 한계가 있다. 예를 들어 말하는 사람이 현빈이나 손예진의 외모를 가졌다면 말을 하기도 진에 집중도가 다를 것이다. 시각적인 요소가 물론 중요하지만 사람들 앞에서 말을 할 때는 기본적인 예의를 갖춰 최대한 깔끔하게 입으면 충분하다.

그렇다면 말의 내용은?

콘텐츠도 물론 중요하다! 하지만 이 7%를 온전히 100%로 만들어 주는데 가장 많은 도움을 줄 수 있는 것은 청각적인 요소, 바로 목소리다.

말의 속도, 톤, 억양, 호흡 등 여러 가지 청각적인 요소들은 연습으로 다듬을 수 있다. 파티에 어울리는 드레스를 고르듯 입찰 프레젠테이션에 어울리는 화법을 입어보자!

화법의 필요성

번뜩이는 아이디어로 기막히는 차별화 전략까지 세웠다면 이제는 승부수다! 같은 내용을 가지고도 누가 말하느냐에 따라 입찰 결과가 달라지기도 한다. 차이는? 바로 화법이다!

예를 들어 경쟁입찰 PT에서 10개의 기업이 PT를 했다면 1위를 한 기업만이 우선협상대상자로 선정되어 사업권을 수주할 수 있게 된다.

살짝 생각을 전환해서 우리가 연애를 하기 전을 생각해 보자!

혹시 현재 썸을 타고 있는가? 아니라면 썸을 탔던 때를 떠올려보라. 나와 썸을 탔던 모든 남자(여자)가 다 남자친구가 되었나? 당연히 그렇지 않다. 경쟁을 통해 살아남은 남자(여자)가 연인이 되고 하나의 커플이 탄생한다.

어떻게 그 사람의 마을을 얻었는지 어떤 말들을 했는지 다시 생각해보라. 수없이 전략을 짜서 도전했을 것이다.

경쟁 프레젠테이션 또한 사람의 마음을 얻는 것이다. 화법을 통해 경쟁력을 높일 수 있다. 연애하듯이 연습해 보자.

사기업 PT/ 조달사업 PT

사기업 PT는 부드러운 스토리텔링으로 감동적인 여운을 남기는 PT가 많다. 제안서를 제출한 이후에 발표본을 따로 제출하는 경우가 많기에 더 다양한 화법들을 활용할 수 있다.

조달사업 PT는 제안서를 이용한 PT 발표가 대부분이다. 실제로 제안서 PT를 감안해서 컨셉 페이지 차별화 전략 페이지를 넣어서 삽입해 가는 것을 추천한다.

사기업 PT인지 조달 PT인지에 따라 다양한 화법의 변화가 필요하다.

1년 365일 일상언어

입찰 PT 화법에서 갑자기 일상언어라니?

혹시 '갑툭튀'라는 말을 들어보았는가? 신조어로 '갑자기 툭 튀어나온다'의 줄임말인데, 말이라는 것이 순간적으로 튀어나와 분위기를 살릴 수도 있지만 반대로 흐리기도 한다.

일상에서 쓰는 언어를 순화하고 정돈하다 보면 입찰 PT에서 갑툭튀로 인해 실수하는 일은 없을 것이다.

김알바 씨는 카페에서 파트타임으로 일하며 취업 준비를 하고 있다. 하루에도 몇 번씩 그만두고 싶은 심정인데 이유는 이른바 진상손님들 때문이다.

"야, 커피 하나", "빨대" 등 반말하는 손님부터, 이어폰을 끼고 들어와 계속 다시 묻고 또 묻는 손님, 진동벨을 던지는 손님, 주문이 밀렸을 때 계속해서 나 먼저 달라고 조르는 손님, 이밖에도 다양한 유형이 있다.

그 중에서 김알바 씨가 가장 힘들어 한 유형은 반말이나 폭언 욕설을 하는 손님이다.

말에도 뼈가 있고 가시가 있다. 평소 날카로운 습관어를 가지고 있다면 결국 10-15분이라는 짧은 시간 속에서 뼈가 드러나고 가시가 돋칠 수 있다. 그렇기에 1년 365일 일상언어를 갈고 닦을 필요가 있다.

2. 경쟁입찰 프레젠테이션에서 유용한 화법

yes-but 화법

강조할 점은 강조하고 하고 싶은 이야기를 한다. 하지만 중요한 것은 심사위원의 심기를 거스르지 않아야 한다는 것!

인정할 건 인정하되 우리는 이런 이유 때문에 이런 제안을 했다라는 백 데이터를 말하는 것이다.

예상 질의는 100개 이상 만들고 그에 따른 답변도 30개 정도 준비한다. 질의응답에 대비하는 자세를 갖출 수 있다. 답변이 질문보다 적은 이유는 질문 의도에 따라 같은 답변을 활용할 수 있기 때문이다.

예상질문을 준비할 때는 내가 고객사가 되어 가장 듣고 싶은 말, 가장 중요하게 생각하는 것을 떠올리고 준비해가야 한다. 우리 업체의 자랑이 아닌 그들이 확인받고 싶은 것을 확인시켜줘야 한다.

진정한 설득은 발표보다는 질의응답에서 이루어진다. 질의응답에서도 각 주장에 관한 관련 사례를 들어주면 설득의 힘이 커진다.

쿠션 화법

학창시절, 열심히 필기를 하다가 팔꿈치가 책상에 쿵 하고 부딪혀 입을 틀어막은 기억이 있다. 소리도 지르지 못할 정도로 진동이 울리면서 찡하게 아팠다. 팔꿈치에 푹신푹신한 쿠션 하나만 있어도 아프지 않았을 텐데, 책상이 말랑말랑했다면 아프지 않았을 텐데….

말과 말 사이에서 쿠션과 같이 완충 역할을 하는 쿠션어들이 있다. 특히 서비스직에서 많이 사용하는 화법이다.

비행기가 이륙할 때 승무원들은 "손님 죄송하지만 테이블은 접어주시겠습니까?"라고 말한다. 이착륙시 안전을 위해 테이블을 접어달라고 하는게 뭐가 그렇게 죄송한 일이겠는가? 다만 '죄송하지만'이라는 쿠션어가 들어가니, 혹시나 기분이 좋지 않은 승객이 있어도 완충역할을 할 수 있는 것이다.

이외에도 죄송하지만, 바쁘시겠지만, 번거로우시겠지만, 이해해주신다면 등 다양한 쿠션어를 활용할 수 있다.

그렇다면 쿠션어는 어떻게 사용하면 좋을까? 전달하고자 하는 말의 내용 앞에 해당되는 쿠션어를 배치하면 된다.

예를 들어 교수님께서 하시는 말씀을 못 알아들었다면, 단순히 "네?"라고 말하기 보다는 "교수님, 죄송하지만 다시 한번 말씀해주실 수 있을까요?"라는 쿠션 화법을 쓸 수 있다.

마찬가지로 입찰 프레젠테이션 질의응답 때 쿠션 언어를 다양하게 사용하면 완충작용을 할 수 있다.

PREP 법칙

말하기에서 사용되는 가장 기본적인 방법 중 하나는 PREP 법칙이다.

말하거나 발표할 때 유용하게 사용할 수 있는 PREP 기법은 Point(핵심)-Reason(이유)-Example(예제)-Point(핵심)의 준말이다.

PREP 기법을 이용해서 말하면 뭐가 다를까?

설득할 때 논리적으로 말할 수 있다. 또한 말하듯이 자연스럽게 이야기가 전개된다.

PREP 기법으로 말할 때는 먼저 핵심을 말하고, 그 이유를 말하고, 예를 든 후, 다시 핵심을 말하면 된다.

P 전달하고자 하는 핵심 메시지를 제시한다.

R 이 메시지가 왜 중요한지 이유를 설명한다.

E 사례를 들어 이해시킨다. (경험, 이야기, 사실적인 현상 등)

P 마지막으로 핵심 메시지를 다시 언급하여 전달력을 강화한다.

말솜씨가 좋아도 이야기에 논리가 없으면 설득력을 잃게 된다. 말과 말 사이를 부드럽게 만들면서 설득을 하기 위해서는 연결어가 필요하다. '이유는, 왜냐하면, 예를 들어, 따라서, 결론적으로' 등의 연결어를 사용하면 보다 논리적으로 말할 수 있다. 입찰 발표를 할 때 설득력 한 스푼을 추가할 수 있고 자연스럽게 이야기를 이을 수 있다.

심사위원이 모든 것을 다 기억할 수는 없기에 중간중간 브릿지 멘트로 요약한 후, 핵심 키워드를 반복하며 말하는 것도 좋다.

3. 이것만은 없애자

뉴스가 아니야

뉴스를 전하는 아나운서는 전달력이 좋고 제스처도 좋다. 보고 있으면 어쩜 저렇게 또박또박 끊어서 말을 하는 걸까 신기하기도 하다. 하지만 입찰 프레젠테이션은 정보만을 전달하는 것이 아니다. 그렇기에 아나운서 화법, 쇼호스트 화법을 사용하지 않는다.

결국 심사위원의 마음을 움직여야 하기 때문에 진정성이 중요하다.

"나 진행하고 있어요! 나 아나운서예요"가 아니라 "여기 좀 봐주세요! 이렇게 좋은 제안이 있으니 얼른 받아가세요! 이거 놓치시면 정말 후회하실 거예요"와 같은 느낌으로 다가간다.

프롬프터나 원고를 또박또박 읽는 아나운서 화법은 지나치게 전문적인 느낌이 난다. 프리젠터에게 원하는 건 진행자나 방송인 느낌이 아닌 진정성이다. 살짝 어색하더라도 발표 전 설렘을 표현하기도 하고 진정성 있게 이야기해야 한다.

시선 피하기

10개 업체의 발표를 듣는 심사위원들을 생각해 보자. 3개 업체만 넘어가도 비슷한 내용 비슷한 발표를 들어야 한다.

마지막 순서라고 해서 발악하듯 소리를 지르거나 관심을 끌기 위해 분위기를 띄우는 경우, 오히려 역효과로 분위기가 더 가라앉을 수 있다.

심사위원들이 처음부터 끝까지 프리젠터를 바라보고 있다면 좋겠지만 대부분 고개를 숙인 상태로 자료를 보고 있다. 그렇다면 프리젠터 또한 스크립트만 보고 발표하면 되니 다행이라는 생각이 들었는가? 그렇게 쉬우면 얼마나 좋겠는가.

심사위원이 자료를 보다가도 언제 프리젠터와 눈을 마주칠지 모를 일이니 발표자의 시선은 늘 심사위원을 향해 골고루 분산한다. 시선을 피하거나 자료만 보고 발표한다면 진정성과 호소력이 흐려질 것이다.

한숨은 전염된다

근무 중 사무실에서 들려오는 한숨 소리는 전염성이 있다. 한숨이 또다른 한숨을 부른다. 한숨은 언제 들어도 듣기 좋은 소리는 아니다. 무의식적으로 내뱉은 한숨에도 주위에 있는 사람들은 눈치를 보고 걱정을 하게 된다.

한숨은 대체로 긍정적인 상황보다는 부정적인 상황에 어울린다.

오슬로 대학의 teigen,K.H는 심리학과 대학생을 대상으로 자신이 내쉬는 한숨의 의미를 어떻게 인지하는지 조사했다. 대부분은 의사소통의 영역보다는 혼자만의 감정표현으로 지각했는데, 포기의 의미가 가장 많았다. 무료함, 그리움, 피곤함의 의미가 뒤를 이었다.

하지만 타인의 한숨에 대한 생각은 달랐다. 자신의 한숨은 포기와 좌절감으로 인식하지만 타인의 한숨은 슬픔으로 지각한다는 차이가 있었다.

같은 한숨인데도 자신과 타인에 대해 다르게 느껴진다는 것을 알 수있었다. 포기할 수 없는 입찰 프레젠테이션에서 짧은 한숨도 포기와 좌절감, 슬픔을 나도 모르게 표현할 수 있다. 한숨 쉬는 습관이 있다면 꼭 고치기를 바란다.

4. 이것만은 갖추자

나만의 명언노트 만들기

'일찍 일어나는 새가 피곤하다.'

'일찍 일어난 벌레는 잡아 먹힌다.'

무한도전에 출현한 개그맨 박명수가 현실적인 명언을 쏟아냈다.

'원수는 회사에서 만난다.'

'티끌 모아 티끌.'

'헌신하면 헌신짝 된다.' 등

사람들의 허를 찌르는 명언으로 기존에 알고 있던 명언에 대한 생각을 뒤집게 해줬다. 뭔가 그럴싸한, 멋진 명언이 와닿지 않았던 사람이라면 이토록 현실적인 반전명언이 더 크게 와닿았을 것이다.

10년이 넘도록 회자되는 이유가 뭘까? 뜬구름 잡는 명언에 감흥이 없던 사람들에게 현실적인 반전명언으로 갈증을 해소해줬기 때문이다.

여러 경쟁업체가 참여하는 입찰 프레젠테이션에서도 갈증을 해소할 명언이 필요한 때가 있다. 비슷한 발표 속에서 명언, 특히 반전명언이 주는 메시지가 한방이 될 때가 있다.

그렇다면 어떤 명언이 좋을까?

비드리머스피치 최현정 대표는 한 입찰 프레젠테이션에서 어려운 상황을 어떻게 돌파할까 고민하다가 명언으로 마무리해 성공한 사례가 있다고 했다.

프레젠테이션이 끝난 후 의사결정권자에게 걸어가서 말했다.

"지금까지 저희 회사 발표를 들어보셨는데요. 서울대학교 교수님께서 이런 말씀을 했다고 합니다. 말할까 말까 할 때는 말하지 마라! 살까 말까 할 때는 사지 마라! 그리고 줄까 말까 할 때는, 뭐라고 적혀있죠?"

그러자 의사결정권자는 화면에 적혀있는 '줘라!'를 읽으며 호탕한 웃음을 지었다고 한다. 어려운 상황의 프레젠테이션은 성공적으로 끝났고 좋은 글귀의 힘을 다시 한번 느끼게 되었다고 한다.

명언과 좋은 글귀를 저장해 두자!

그냥 노트에 끄적이는 게 아니라 엑셀파일로 저장해 두는 걸 추천한다.

가장 중요한 것은 바로 카테고리화인데 경험이나 문화 등 다양한 카테고리를 만들고 이에 맞는 명언을 저장해 두면 유용하게 사용할 수 있을 것이다.

입으로만 말해요? 몸으로도 말해요!

학창시절 점심시간 종이 울려퍼지기 5분 전을 생각해 보자! 학생들은 다리 한 쪽을 책상 밖으로 내놓거나 발끝 방향을 교실 문쪽으로 돌리고 있다. 결국, 몸은 마음이 가는 곳으로 향하게 되어 있고 그 시절 학생들의 몸은 누구보다 솔직했다. 몸으로도 말할 수 있다는 걸 알게 된 첫 에피소드였다.

경쟁입찰 프레젠테이션 또한 입으로만 말하는 것이 아니다. 몸으로도 말하고 눈빛으로도 말한다. 말하는 순간뿐 아니라 말하지 않는 순간도 필요하다.

잠깐 쉬는 포즈(pause) 또한 한 마디 말보다 더 큰 힘을 갖기도 한다.

잠깐 쉬고 하자! 회의 시간 혹은 수업시간에 자주 들을 수 있는 말이다. 얼마나 반가운가. 인간의 뇌는 약 1시간 동안 많은 에너지를 방출시킨 후 약 15-20분 동안 낮은 에너지를 방출시킨다. 연속해서 일할 때보다 잠시 휴식을 취하고 일하면 더 높은 업무 효율성이 나타난다.

잠깐의 휴식이 일의 능률을 올릴 수 있듯, 말도 마찬가지다. 잠깐 쉬고 말하는 것에는 엄청난 힘이 따라온다.

10년 전 혹은 20년 전 수업시간을 떠올려보자. 선생님(교수님)께서 열심히 수업을 하다가 갑자기 아무 말도 하지 않는다. 교실의 학생들은 어떤 행동을 할까?

아마도 고개를 들어 교수님을 바라보거나 주변을 살필 것이다. 왜? 왜? 말을 하지 않는 거지? 누군가 잘못을 한 건가? 나는 아니겠지? 여러 가지 생각이 머릿속을 스쳤을 것이다.

연달아 100마디를 하는 것보다 잠깐 쉬고 한 마디를 하는 것의 효과가 더 크다. 쉼은 뒷 내용을 궁금하게 한다.

흔히 방송국에서 일하는 방송인들 사이에는 '마가 뜬다'는 표현을 한다. 이 마를 참지 못해서 쉴 새 없이 오디오를 채우는 방송인이나 이런 찰나의 마 때문에 화를 내거나 당황하는 제작진도 있었다.

한 오디션 프로그램에서 가수 박진영 씨가 공기 반 소리 반 이야기를 한 적이 있다. 내가 강조하고픈 말이 있다면, 말을 하기 전 일부러 쉬어보자. 깊은 한숨을 쉬라는 것은 아니다. 잠시 포즈를 두어 쉬면 뒷말이 훨씬 잘 들린다.

정보와 메시지가 잘 전달되길 원한다면 잠시 쉬어보자!

완벽한 재료를 가지고 어떻게 요리할지 계획을 세웠다면 어떤 퍼포먼스로 사람들을 집중시킬지 생각하자! 바로 제스처와 쇼맨십이다.

입찰 프레젠테이션을 더 프로패셔널하게 만들 수 있는 쇼맨십은 다음 페이지를 참고하라.

따뜻한 에너지를 전합니다. 따뜻한 진심이 통하는
여러분의 멘토, 노지선입니다.

노지선

따뜻한사람들 교육컨설팅 대표/ 대표강사
YTN 〈최강기업〉〈데일리팜〉MC/ MBC경남 취재리포터
대홍기획 입찰PT 전문 멘토 & 프레젠테이션 강사
한양대학교 에리카 프레젠테이션 강사
서울대학교 프레젠테이션 학회 위촉 심사위원

경쟁입찰 프레젠테이션 발표의 꽃
강렬한 기억으로 남는 발표
쇼맨십

1. 발표의 얼굴이자 꽃, 쇼맨십이란?

발표의 내용과 구성, 전달력 등 발표에서 중요한 요소는 많다. 그러나 발표 현장에서 청중의 마음을 사로잡는 비밀 열쇠는 '쇼맨십'이라 해도 과언이 아니다.

사람은 감정의 동물이기 때문에 이론적이고 어려운 내용이더라도 인간미, 감동, 임팩트가 있으면 발표를 더 오래도록 기억하게 된다. 잘 표현한 쇼맨십 하나가 내 발표의 결과를 좌우하기도 한다. 그래서 쇼맨십은 발표의 '얼굴'이자 '꽃'이라고 말하고 싶다.

쇼맨십이란 무엇인가?

'쇼맨십'. 말 그대로 보여주는 것이다. 무대에서 청중의 이목을 끄는 것이다. 무대매너로 볼 수도 있는데 가수 중에서도 쇼맨십이 좋은 가수가 있다. 현장, 콘서트에 특화된 가수들이다. 콘서트나 음악무대에서는 관객과 소통하고 쇼맨십이 좋으면 관객은 더 호응하고 오래도록 무대를 기억한다. 발표에서도 쇼맨십이 좋으면 청중에게 더 좋은 반응을 끌어낼 수 있다.

쇼맨십은 왜 필요한 걸까?

－백문이불여일견이다

나는 어느 기업의 입찰 전문 프리젠터이자 컨설턴트로 활동하고 있다. 발표 컨설팅을 하다 보면 이런 말을 자주 듣는다.

"강사님, 내용이 중요하지, 이런 쇼맨십이 꼭 필요할까요?"

"이런 쇼맨십이 통할까요?"

이러한 의심과 걱정은 발표 이후에 신뢰로 바뀐다.

아무리 훌륭하고 획기적인 내용의 발표를 한다고 하더라도 계속해서 설명식으로 전달한다면 청중의 집중도는 떨어진다. 발표자는 내 콘텐츠와 아이템에 애정이 많기 때문에 발표를 흥미롭게 이어나갈 수 있지만, 청중 입장에서는 흥미를 끄는 요소가 없다면, 지루할 수밖에 없다.

메라비언의 법칙(한 사람이 상대방으로부터 받는 이미지는 시각과 청각이 각각 55%와 38%, 말의 내용은 7%에 불과하다는 내용의 7%-38%-55%법칙)을 통해서도 알 수 있듯이, 사람은 어떠한 정보를 받아들일 때, 시각적인 정보를 가장 먼저 받아들인다. 발표도 마찬가지다. 그래서 발표 시 시각적인 쇼맨십을 적극적으로 활용하기를 추천한다.

스티브잡스는 아이폰이 얼마나 혁신적인지, 아이패드가 얼마나 슬림한지 굳이 장황하게 설명하지 않았다. 그저, 무심하게 청바지 주머니에서, 서류 봉투 속에서 꺼내어 보여주었다. 그러자 그 모습을 본 청중은 환호를 보낸다. 굳이 긴 말로 설명하지 않더라도, 보여주는 행위 그 자체로 그가 말하고 싶은 것을 임팩트 있게 전달한 것이다.

그래서 보여줄 수 있는 제품이 있다면 발표 현장에 제품을 직접 가져오는 것도 매우 효과적이다. 만약, 새롭게 출시하는 플랫폼에 대해 말로만 설명한다면, 청중은 바로 이해하기 어려울 수도 있다. 그럴 때, 발표 영상 자료 화면을 통해 플랫폼에 접속해서 클릭하는 모든 과정을 보여준다면, 청중은 더 쉽게 이해하고 받아들일 수 있다.

-임팩트가 있어야 한다

발표에는 감동, 재미, 충격 등의 임팩트가 있어야 한다. 기억에 남는 부분이 있어야 한다는 것이다. 내 발표를 들은 청중에게 남는 것이 없다면 안타까운 발표다.

우리는 인생의 모든 순간을 다 기억할 수 없다. 그러나 졸업식, 사랑하는 사람과의 첫 만남, 결혼 등 중요한 순간들은 기억에 남는다. 발표도 마찬가지다. 나에게는 발표의 모든 내용이 소중할 수도 있겠지만, 청중은 그렇지 않을 수 있다. 흘려듣는 부분도 있다. 그렇기 때문에, 중요한 메시지를 전달할 때는, 쇼맨십을 통해 임팩트를 심어주는 것이 좋다.

발표 후에 심사위원들이 쉬는 시간에 나누는 이야기를 들은 적이 있다. "화면터치한 기업 기억나요?", "그림책 읽어주던 기업 있잖아요~" 발표자 이름, 기업명 등을 언급하는 것이 아니라, 임팩트 있었던 쇼맨십을 언급하는 것이었다.

청중의 기억에 남는 발표를 하고 싶다면, 쇼맨십을 적극 활용하자! 쇼맨십은 발표의 양념을 쳐주는 것 그 이상의 역할을 할 것이다.

알맹이 있는 쇼, 이유 있는 쇼!

우스갯소리로 '쇼하지 마라'는 말이 있다. 그런데, 발표는 쇼(Show)다. 쇼해야 한다. 단, 아무 의미 없는 쇼맨십이면 안 된다. 알맹이 있는, 이유 있는 쇼맨십이어야 한다.

'쇼 하지 마라'할 때의 쇼는 알맹이 없는 쇼다. 발표의 내용과 구성은 신경 쓰지 않고, 오로지 쇼맨십 자체에만 집중하는 것은 좋지 않다. 알맹이를 잘 갖춘 후에 화룡점정으로 쇼맨십을 넣어주라는 것이다. 발표의 목적에 따라 차이가 있겠지만, 청중은 발표 보는 것을 즐길수록 좋은 발표라고 할 수 있다. 좋은 쇼맨십을 통해 청중에게 정말 멋진 쇼 한 편을 경험하게 하자.

쇼맨십 하나에 몇억이 왔다갔다 한다!

컨설팅해 드렸던 분 중에, 발표에서 쇼맨십 활용하기를 주저하는 대표님이 있었다. 그간 여러 번 투자 발표 대회에 참여했는데, 한 번도 투자

받은 적이 없다고 하였다. 나는 속는 셈 치고, 한번만 나를 믿고 쇼맨십을 적용해 보자고 제안했다. 처음엔 낯설어하셨지만, 믿고 함께 해주었다.

대표님은 컨설팅하는 동안 즐거워하였고 오히려 더 적극적으로 연습해오기도 했다. 대표님이 발표 현장에서 소화할 수 있을 만한 쇼맨십을 제안했고, 발표 당일에 대표님은 정말 멋지게 쇼맨십을 보여주었다. 딱딱하게 기사 자료를 보여주는 오프닝에서, 본인의 사진과 개인적인 스토리를 풀어내는 오프닝으로 바꾸었다.

결과는 어땠을까? 그날 대표님은 처음으로 1등을 하였고, 억 단위의 투자금을 받게 되었다. 대표님과 함께 기쁨을 나누었던 순간이 생생하다. 물론 발표 내용 등 다른 부분에서도 준비를 잘하였지만, 대표님의 자신감 있는 쇼맨십이 심사위원들의 마음을 사로잡았던 것이다.

입찰 PT를 할 때도 쇼맨십으로 심사위원과 고객사의 마음을 사로잡을 수 있다. 쇼맨십 하나로 기업의 미래가 결정되기도 한다. 그 정도로 발표에서 쇼맨십은 중요한 역할을 한다.

2. 쇼맨십을 준비하는 방법

연극 무대 한 편을 본 듯하게!

발표자가 정해진 대본을 줄줄 읽으면서 발표를 한다면, 청중은 제안서나 자료를 직접 읽는 것과 다를 바가 없다. 굳이 왜 직접 얼굴을 보면서 발표하는 것일까.

발표는 왜 하는 것인지 본질적으로 생각해볼 필요가 있다. 발표를 통해 메시지를 더 효과적으로 청중에게 전달하는 것이다.

발표자와 청중 사이에는 보이지 않는 끈이 연결되어 있어야 한다. 청중은 현장 발표를 통해 콘텐츠를 더 효과적으로 받아들일 수 있다. 메시지를 효과적으로 전달하기 위해서 쇼맨십이 필요하다.

발표 무대에 설 때는 내가 이 무대의 배우가 되었다고 생각하고 서면 좋다. 꼭 연기를 해야 돼서 배우라고 표현한 것이 아니다. 프로페셔널함, 친근함, 자연스러운 동선 등도 연습을 통해 연기한다고 생각해 보자. 좋은 발표는 청중에게 '좋은 쇼 한 편을 본 듯한' 느낌을 선사한다.

발표는 곧 나(발표=나), 나의 쇼맨십 컬러 찾기

내 매력을 녹일 수 있는 쇼맨십 찾기

발표자 이미지에 맞는 쇼맨십 찾기

새로운 도전도 좋다

요즘 퍼스널 컬러가 인기 있다. 나에게 맞는 색을 찾는 것에 관심이 많은 듯하다. 발표에도 퍼스널 컬러가 있다면 어떨까?

내 피부의 퍼스널 컬러뿐만 아니라, 내 발표의 퍼스널 컬러도 있다. 나에게 맞는 쇼맨십 색깔을 잘 찾아보자. 이런저런 쇼맨십에 도전해 보면서 나에게 맞는 쇼맨십을 찾을 수 있다. 강렬하고 연기적인 요소가 들어간 쇼맨십만 좋은 쇼맨십인 것은 아니다. 나에게 맞는 쇼맨십을 잘 소화해낸다면 충분히 좋은 쇼맨십이 될 수 있다. 그러기 위해서는 먼저 나에 대해 잘 파악해야 한다. 나의 색깔을 먼저 파악한 후에, 조금씩 단계별로 쇼맨십을 적용하는 것을 추천한다.

그렇다면 내 매력을 녹일 수 있는 쇼맨십은 어떻게 찾는 걸까? 쇼맨십에도 단계가 있는데 나는 때와 장소에 맞게 단계별 쇼맨십을 적절히 적용한다. 지금부터 나오는 다양한 쇼맨십 사례와 종류를 통해 나에게 맞는 쇼맨십을 찾아보자.

3. 쇼맨십 사례를 통해 알아보는 쇼맨십 종류

쇼맨십에도 여러 종류가 있고 단계가 있다. 내가 적용해볼 만한 쇼맨십은 어떤 것들이 있는지 살펴보자.

소품

소품 활용은 가장 쉬우면서도 정성이 느껴진다. 우리 기업의 제품을 현장에 가져갈 수 있다면 가져가서 직접 보여주는 것이 제일 좋다. (제품이 너무 큰 경우는 예외)

제품 외에도, 소품 활용은 가장 쉬우면서도 정성이 느껴진다. 우리 기업의 제품을 현장에 가져갈 수 있다면 가져가서 직접 보여주는 것이 제일 좋다. (제품이 너무 큰 경우는 예외)

제품 외에도, 소품을 통해 차별화 전략을 보여주는 경우도 있다. 급식업체 PT에서 수제 맛간장을 이용해서 조리한다고 설명하는 부분이 있다. 수제 맛간장을 한 입 용량의 작은 병에 챙겨갔을 때 훨씬 더 반응이 좋았다. 또한 차별화 전략으로 내건 '직접 갈아주는 과일주스'를 발표 현장에서 심사위원들에게 나눠줬던 경우도 있다. '식감이 좋은 비건 빵'의 단면을 직접 찢어서 보여주고 심사위원들에게 한 입 크기로 나눠줬을 때도 반응이 좋았다.

한 예비창업자가 휴대용 불법촬영 카메라 탐지기 소개 발표를 할 때, 심사위원은 '디자인이 너무 예뻐서 실물이 정말 궁금한데, 제품은 안 가져오신 걸까요?'라고 질문하는 경우도 있었다. 그 이후로 발표 현장에 제품을 직접 가져가서 사용하는 모습을 보여줬는데, 심사위원들의 반응이 더 좋았다. 가능하다면, 소품을 적극적으로 활용해 보자.

영상 또는 사진

영상과 사진을 활용해서 비교적 간단하게 임팩트 있는 쇼맨십을 연출할 수도 있다. 사진과 영상을 활용했기 때문에 시각적인 효과 또한 좋다. 요즘 이슈인 재밌는 사진, 내가 키우고 있는 반려견의 사진, 내 자녀의 사진 등을 다양한 방법으로 활용해서 쇼맨십을 연출할 수 있다.

예를 들어 교통사고의 위험성을 알리는 장표가 있었다. 말로만 전달할 때는 청중의 표정이 시큰둥하지만, 교통사고 발생 직전 상황이 담긴 영상을 보여주자 청중은 몰입하고 집중한다. 일종의 충격요법이다. 영상물을 통해 시선을 집중시키고 본격적인 발표에 들어가는 것이다.

골프 관련 기업 입찰 PT를 할 때, 발표자는 골프에 대한 본인의 열정을 보여주기 위해, 본인의 홀인원 영상을 넣어서 심사위원들의 좋은 반응을 끌어낸 적도 있다. 발표 현장에서 유머를 발휘하기 힘들다면 짧은 영상물만으로도 소소한 웃음을 끌어낼 수 있다.

귀여운 것은 시선을 끈다. 예를 들어, 아기사진, 반려견 사진 등이다. 사랑스러운 아이의 사진을 보면 웃음이 지어지고, 인간미까지 느껴진다. 한 발표자는 식품회사에 가서 경쟁입찰 PT를 할 때, 본인의 아이가 그 식품회사의 음식을 맛있게 먹고 있는 사진을 오프닝에 넣어서 흐뭇한 미소를 끌어내기도 했다. 이처럼 영상과 사진을 활용하면 시각적 효과와 더불어 활용할 수 있는 부분이 많다.

동선

교육생들이 자주 하는 말이 있다.

"발표 무대에 서면 한 발자국 움직이는 것도 쉽지 않아요."

맞는 말이다. 발표 무대 경험이 충분하지 않다면 무대에서 한 걸음 떼는 것도 큰 걸음으로 느껴질 것이다. 하지만, 용기를 내서 동선을 적극 활용해 보자. 발표자석이 정해져 있지 않다면 무대 동선을 적극적으로 활용하면 도움이 된다. (간혹, 촬영을 하거나, 유선마이크 연결 등의 이유로 인해 발표자석을 단상으로 고정하는 경우도 있다.)

가장 기본적인 동선은 '첫인사' 부분이다. 처음 인사할 때는 무대 가운데로 당당히 걸어 나와서 청중과 시선을 맞추는 것이 좋다. 이 행위만으로도 시선을 모을 수 있다. 만약 발표하는 동안에 동선 변경이 어렵다면 발표 시작과 끝부분만이라도 무대 중앙으로 나와서 시선을 모으고 분위기를 환기해 보자.

그렇다면 발표 중에는 무대 동선을 어떻게 활용하면 좋을까?

스크린 왼쪽에 서서 발표를 하고 있었다면 중요한 메시지나 내용의 변화가 있을 때 자연스럽게 스크린 오른쪽으로 걸어가는 방법도 있다. 분위기가 환기되면서 자연스럽게 다음 내용에 더욱더 집중하게 된다.

모 시사프로그램에서 진행자가 걸으면서, '그런데 말입니다~'라고 말하는 것을 보았다. 이때 시선이 더욱 집중되는 것을 볼 수 있다. 발표 분위기가 늘어질 때, 분위기 환기용으로 동선을 활용하는 것도 좋다.

슬라이드 화면에 꼭 강조해야 할 이미지나 텍스트가 있을 때는 화면 가까이 다가가서 손으로 직접 터치하면서 설명하는 것도 효과적이다. 중요한 건 제자리에 가만히 서서 머무르는 것이 아니라 내용에 따라 적절하게 동선의 변화를 주는 것이다.

발표의 하이라이트는 마무리 메시지를 전할 때라고 생각한다. 무대 가운데로 걸어 나와서 청중과 눈을 맞추고 멈춤 강조 기법까지 함께 사용한다면 여운과 감동을 남길 수 있다.

의상

의상으로도 쇼맨십을 연출할 수 있다. 내 발표의 정체성, 내 기업의 정체성을 잘 나타낼 수 있는 의상만으로도 처음부터 청중의 시선을 사로잡을 수 있다. 예를 들어, 약사로 활동하고 있는 대표님은 약사 가운, 야구 마케팅 관련 기업 대표님은 야구복, 비건 베이커리 대표님은 제빵모자를 쓰고 발표를 할 수 있다.

또는 기업의 대표 컬러가 들어간 옷을 입거나 기업의 로고가 새겨진 티셔츠를 입는 분도 있었다. 물론 모든 상황에 다 적용이 되는 것은 아니다. 깔끔하게 기본 정장 차림을 갖춰야 하는 경우도 분명 있을 것이다.

복장에 제약이 따로 없다면 의상으로 쇼맨십을 연출하는 것도 좋은 방법이다. 의상 컬러나, 넥타이 컬러, 액세서리 컬러만 맞춰주더라도 효과적이다.

발표에서 청중에게 보는 재미를 선사하는 것도 중요하다. 나의 경우는, 컬러별로 정장자켓을 구비해두었다. 경쟁 PT를 하러 가는 고객사의 대표 컬러를 미리 파악한 후 비슷한 컬러로 챙겨입고 가는 편이다. 밝고 화사한 느낌을 가진 기업이고, '따뜻함'이 콘셉트라면 칙칙한 컬러의 정장보다는 화사한 컬러의 정장이 더 잘 어울릴 것이다. 효과적인 쇼맨십을 위해 의상 하나도 허투루 선택하는 법이 없다.

화면

발표 자료 없이 말로만 내용을 전달하는 경우도 있겠지만 PPT 화면을 보여주면서 발표하는 경우가 대부분일 것이다. PPT 화면을 활용해서 쇼맨십을 할 수도 있다. 화면의 다채로움을 적극적으로 활용해 보자.

일단 1차적으로 앞서 말했던 PPT 화면 컬러감으로 시선을 집중시키고 원하는 분위기를 전달할 수 있다.

또한 PPT의 애니메이션 효과를 활용하면 좋다. 한 플랫폼 회사 컨설팅을 할 때의 일이다. 어플리케이션 사용법을 말로만 표현하는 것이 아쉬웠다. '쉬운 사용법'이라고 아무리 설명해도 말로만 들었을 때는 어느 정도로 간편하고 쉬운지 와닿지 않았다. 그래서 PPT 휴대전화 화면을 캡처해서 어플리케이션의 이미지를 넣었다.

현장 발표 시 발표자는 이렇게 설명했다.

"얼마나 간편하고 쉬운지, 단 5초 안에 보여드리겠습니다."

그리고 PPT 화면으로 다가가서 화면 속 휴대폰 이미지를 손으로 터치하는 퍼포먼스를 보여줬다. 터치하는 순간 어플이 실행된 다음 화면으로 넘어가게 된다. 그 순간 청중의 입에서 작은 감탄사가 나왔다. 물론 터치스크린이 아닌, 애니메이션 효과를 활용한 쇼맨십이었다. 이 퍼포먼스를 통해, 어플 사용법이 얼마나 쉬운지 한눈에 파악할 수 있었다.

또한, 커피브랜드 입찰 PT에서 화면 쇼맨십을 잘 활용한 예시도 있다. 해당 회사의 커피가 급격하게 인기를 끌고 있다는 것을 표현하면서 PPT 장표를 커피잔 이미지로 가득 채워서 설명한 적이 있다. 처음에는 커피 한 잔, 두 잔으로 시작해서 점점 화면에 커피잔 이미지가 가득 채워지는 모습을 보고서는 고객사 담당자들은 웃으며 흐뭇해했다.

또한 인천에 있는 섬들의 이야기를 담은 그림책 콘텐츠를 기획하던 대표님의 예시도 있다. '그림책을 통한 일상 속 여행과 힐링' 콘셉트였다. 딱딱하게 설명하는 발표에서 벗어나, 그림책을 읽어주는 콘셉트로 발표를 했다. 전체 PPT 장표를 그림책처럼 디자인해서, 마치 그림책을 현장에서 한 장 한 장 넘기면서 읽어주는 듯한 발표연출이 완성되었다. 콘셉트에 맞게, 화면 쇼맨십도 따라가 주면 금상첨화다.

연기적 요소

쇼맨십을 즐기게 된다면, 연기적 요소까지 도전해볼 수 있다.

명언을 읽을 때도 무미건조한 말투보다 감정을 담는 것이 좋다. 거기에 포즈 기법(멈춤 기법)까지 넣어서 표현하면 더 좋다.

또는 고객의 니즈에 대해 설명할 때 고객의 말투로 연기해도 좋다. 주부 말투로 "청소할 때 허리를 계속 굽혀야 돼서 힘들어요~"라고 말하고, 어린이 말투, 어르신 말투 등 연기적 요소를 넣는 것만으로도 재미를 주고 청중의 집중도를 높일 수 있다.

유행하는 유행어를 넣을 수도 있고, 어느 영화 속 배우의 명대사를 살려서 연기해도 좋다.

또는 발표 콘셉트를 정한 후 청중의 기억에 남을만한 재밌는 추임새를 만들어서 발표 중간중간 재미 요소로 넣었던 경우도 있다. 어느 정도 능청스러움이 있으면 잘 살리지만, 그렇지 않더라도 괜찮다. 약간의 어색한 모습으로 소화하는 것도 소소한 웃음을 부르기도 한다.

발표 콘셉트

15분짜리 발표에도 명확한 콘셉트가 필요하다. 발표 콘셉트는 기업의 색깔, 발표의 방향성 및 목적에 따라 달라진다. 내가 이 발표를 통해 청중에게 어떤 마음을, 어떤 느낌을 심어주고 싶은지 생각해 보면 된다.

발표 컨설팅을 하면서 정말 좋은 콘셉트의 발표를 많이 봤다. 여행과 관련된 발표를 할 때 실제 청중과 함께 여행을 떠나는 콘셉트로 발표한 경우도 있다. 발표자는 여행 가이드가 되어서 15분 발표를 이어나가는 것이다.

또는 고객과의 소통이 모토인 한 기업은 라디오 사연 콘셉트로 발표를 하기도 했다. 발표자는 사연을 읽어주는 DJ가 되어서 발표의 흐름을 끌어나간다.

하나의 캐릭터를 설정해 캐릭터 입장에서 이야기를 풀어나가는 방식의 콘셉트를 잡은 적도 있다.

여러분은 아래 키워드 중에서 어떤 느낌을 주는 발표를 하고 싶은가?

친절한/ 따뜻한/ 감동이 있는/ 호소력 있는
유머러스한/ 밝고 유쾌한/ 열정적인
신뢰 가는/ 나긋나긋한/ 차분한/ 신중한
똑부러지는/ 카리스마 있는/ 전문적인/ 정의로운

발표의 콘셉트를 잘 잡기 위해선 내가 하는 발표의 목적을 잘 파악해야 한다. 친근하고 즐거움을 전하는 발표인데 카리스마 콘셉트로 나간다면 어울리지 않을 수도 있다. (단 재미를 위해 일부러 카리스마 연기를 하는 것은 예외다.)

심각한 사안을 다루거나 무게감 있는 내용의 발표를 할 때는, 쇼맨십 코드를 잘 고려해야 한다. 쇼맨십이라 해서 무조건 웃기고, 유머만을 말하는 것이 아니다. 발표 내용에 맞는 쇼맨십으로 임팩트를 주면 된다. 무거운 내용을 다룰 때는 유머 요소를 넣지 않고, 임팩트 또는 감동, 여운을 주는 것만으로도 충분한 쇼맨십이 될 수 있다.

그런데 내 발표는 무조건 전문적이고 각 잡고 진행해야 된다고 오해하는 경우도 있다. 웃음기 하나도 용납하지 않기도 한다. (전문적인 기술력 또는 어려운 내용이 들어갈 때) 애플의 스티브잡스도 아이폰의 기술력에 대해 발표했다. 그런데도 발표가 흥미롭다. 전문적인 기술력에 대해 말할 때도 쉽고 흥미롭게 보여주고 설명하는 것이 훨씬 더 좋다.

발표의 콘셉트를 잘 정하고, 그에 걸맞은 쇼맨십을 연출해 보자.

쇼맨십과 내 스토리는 떼려야 뗄 수 없다

쇼맨십에서도 나의 스토리는 강력한 힘으로 작용한다. 스토리는 사람의 마음을 끌어들인다. 내 스토리에 동선, 화면, 연기적 요소 등 다양한 쇼맨십 스킬을 스토리에 적용하면 더 좋다. 내가 겪었던 사건, 내가 이 제품을 만들게 된 계기 등을 이야기를 들려주듯 전달하는 것이다. 내 스토리와 쇼맨십이 더해지면 더 강력하게 기억된다.

기타: 퀴즈/ 마술/ 이벤트/ 명언 활용 등

이외에도 다양한 쇼맨십 방법이 있다. 퀴즈를 내도 좋고, 상황에 따라 이벤트를 하기도 한다. 어떤 경우에는 마술로 눈을 사로잡기도 한다. 어떤 쇼맨십이든 좋다. 상황에 잘 맞고 의미부여만 잘한다면 좋은 쇼맨십이 될 수 있다.

질문하기

물음표는 궁금증을 불러일으킨다. "여러분은 어떻게 생각하세요?", "그렇다면 왜 이런 오해가 생긴 걸까요?"와 같은 질문들을 무대 동선과 함께 활용하면 더 효과적일 것이다.

4. 쇼맨십, 내 것으로 만들자

기본적인 발표 태도도 쇼맨십의 일부다

기본 내용에 충실하지 않은데 쇼맨십만 보여주면 알맹이 없는 쇼맨십이 된다. 발표에서도 기본 내용 구성과 기본 발표 태도를 잘 갖추는 것이 중요하다.

쇼맨십 연습법

그렇다면, 쇼맨십은 어떤 방법으로 연습하면 좋을까? 특히나 쇼맨십은 많이 연습할수록 자연스럽게 소화할 수 있다. 좋은 쇼맨십을 구상했다고 하더라도 충분한 연습이 없다면 쇼맨십의 효과를 제대로 보기 힘들다.

처음부터 많은 쇼맨십을 넣으려고 하지 말자. 먼저, 내가 할 수 있는 선의 쇼맨십을 적용해 보고, 그 쇼맨십에 점점 익숙해지면 새로운 쇼맨십에 도전해보는 것도 좋다.

이왕 하기로 마음먹었다면 과감하게 해보는 것을 추천한다. 쇼맨십을 연습할 때는 좀 더 과장되게 연습하는 것이 도움된다. 발표 현장에 가면, 긴장감으로 인해 평소 연습한 것의 반의 반도 안 나오는 경우가 많기 때문이다. 과하게 연습해도, 연습량의 반 정도 나온다고 생각하면 된다.

쇼맨십은 현장에서 관객에게 보여주는 것이기 때문에 실전처럼 연습하기가 쉽지 않다. 그럴 때 이미지트레이닝으로 연습하면 효과적이다. 실제 발표 현장에 있다고 상상하고 청중의 표정 반응 등을 구체적으로 상상해보는 것이다.

지금까지 다양한 쇼맨십에 대해 알아봤다. 무대에서 쇼맨십의 효과를 한 번이라도 경험해 본다면, 발표에 재미를 느끼게 될 것이다. 쇼맨십은 발표 고수들만 할 수 있는 것이 아니다. 이 책을 읽고 있는 여러분도 잘 해낼 수 있다. 쇼맨십과 서서히 친해지면서 발표에 재미를 느껴봤으면 한다. 쇼맨십은 내 발표를 더 돋보이게 할 수 있는 특제소스다. 내가 소화할 수 있는 쇼맨십을 하나씩 도전해 보자.

쇼맨십을 통해 당신의 발표는 청중에게 오래도록 기억될 것이다. 발표의 '꽃'인 쇼맨십을 잘 활용해서 여러분의 얼굴에도 웃음꽃이 피기를 바란다. 잘 할 수 있을 것이다. '나만의 향기가 느껴지는 멋진 발표 SHOW'를 할 수 있기를, 응원한다.

사람 사이, 36.5도의 따뜻한 말에 대해
늘 생각합니다. 말의 온도를 높여드릴게요!

안주연

KBS원주 아나운서 〈9시뉴스〉 메인 앵커
KBS 〈6시내고향〉 리포터
KBS1라디오 〈성공예감〉 뉴스캐스터
OBS경인방송 MC
한국경제TV 캐스터

경쟁입찰 프레젠테이션
목소리로 마음을 움직여라!

1. 목소리는 마음을 사로잡는 힘이 있다

'소리'라는 단어의 사전적 의미는 이러하다.

'생각이나 느낌을 표현하고 전달하는 행위, 또는 그런 결과물.'

목소리에는 그 사람의 생각이 담겨있고 느낌이 응축되어 있다. 내가 가지고 있는 모든 것들을 최종적으로 다른 사람에게 내보이는 행위, 그 결과물이 '목소리'로 전달되는 것이다.

소리가 주는 힘은 명확하다.

Mnet의 '너의 목소리가 보여'라는 프로그램을 보면 목소리가 주는 힘이 얼마나 큰지 알 수 있다. 근사한 소리로 유려한 가창을 뽐내어 멋지게 보이던 사람이 음치로 밝혀지는 순간 이미지는 와장창 깨진다. 목소리 하나만으로 한 사람이 달리 보이는 것이다.

어느 날 한 화장품 회사에서 협찬 제의가 왔다. 한번도 들어보지 못한 중소기업 제품이었다. 피부에 직접 쓰는 일이니 검증되지 않은 모험은 별로 하고 싶지 않았다. 이메일로 상품 기술서를 보내 줄 테니 참고해 보라고 했다. 그때까지만 해도 나는 내심 시큰둥했다. 그러나 담당 이사님의 전화 한 통으로 내 마음은 바뀌었다. 첫 마디에 신뢰감이 묻어있었다. 깔끔한 목소리로 제품에 대해 확신에 찬 설명을 이어나갔다. 얼마나 많은 공을 들였는지, 그분의 설명 속에 그간의 긴 시간이 담겨 있었다. 전화를 받고 나니 정말 내 피부가 좋아질 것만 같았고, 결국 기분 좋게 제품을 썼던 기억이 있다.

누군가와 전화 통화할 때를 떠올려보자. "여보세요" 한 마디. 예상치 못한 중저음 목소리에 흔들려 본 적 있는가? 반대로 날카로운 목소리에 어쩐지 기분이 상할 때도 있지 않은가.

프레젠테이션도 마찬가지다. 나의 목소리가 제품을, 시설을, 회사를 대변한다. 작은 소리는 상품의 크기도 작아 보이게 한다. 빠른 소리는 상품의 중요성을 간과하게 만든다. 자신감 없는 소리는 상품의 신뢰도를 떨어뜨린다. 좋은 목소리가 성공적인 프레젠테이션을 만든다.

사람들은 생각보다 말의 내용에 자세히 집중하지 않는다. 전체적인 분위기와 느낌을 따르는 경우가 많기 때문이다. 미국의 심리학자 메러비언(Mchrabian)의 법칙에 따르면, 누군가의 말에 있어서 시각(Body Language) 55%(표정 35%, 태도 20%), 목소리(Tone of Voice) 38%, 내용(Words) 7% 순으로 영향을 미친다고 한다. 시각을 표정과 태도로 분리해서 보면 목소리가 차지하는 비중이 38%로 가장 크다.

초등학교 때 반장선거를 해 보면, 똑똑하고 준비를 많이 한 모범생 친구보다 재밌고 웃긴 친구가 당선되는 경우를 볼 수 있다. 모범생 친구가 작고 소심하게 이야기하는 것 보다 재밌는 친구가 자신감 있게 이야기한 것이 학생들의 마음을 사로잡는 것이다. 물론 프레젠테이션에서는 풍성하고 설득력 있는 내용이 뒷받침되어야 하겠지만 그 전에 마음을 움직이는 건 당신의 목소리이다.

우선 프레젠테이션을 잘하려면 울림을 주는 소리, 귀에 꽂히는 소리, 집중을 만드는 소리가 필요하다. 이 3가지가 조화를 이룰 때 당신이 준비한 프레젠테이션을 한층 더 돋보이게 할 수 있다.

2. 울림을 주는 소리 만들기 [발성편]

좋은 소리를 낸다는 개념을 처음 접했을 때 많은 사람들이 배우들이나 성악가들이 '아~' 소리를 내며 발성 연습을 하는 장면을 떠올릴 것이다. 그들은 배에서 끌어 올리는 풍부한 소리를 내고 있다. 이것이 복식호흡인데, 목에서 나는 얕은 소리와는 울림이 다르다.

복식호흡은 코로 숨을 들이마셔 배에 공기가 차오르고, 입으로 숨을 내뱉으며 배에 있던 공기가 빠져나가는 것을 반복한다. 하지만 대충 호흡하는 사람들을 관찰해 보면 이 과정이 반대로 이루어진다. 숨을 들이마실 때 가슴만 벌어지고 배는 들어가고, 숨을 내뱉을 때 가슴이 닫히며 배가 나온다. 당신은 현재 어떻게 호흡을 하고 있는지 들여다보자. 복식호흡을 자유자재로 할 수 있다면 이미 소리의 기본이 잘 닦여 있는 것이다. 마음대로 잘 안된다면 배에 손을 얹고 천천히 느끼며 연습해볼 것을 권한다.

미술 학원에 가면 선 긋기를 가장 오래 열심히 배우고, 요가 학원에 가면 스트레칭을 가장 먼저 하는 것처럼 좋은 소리의 밑바닥에는 복식호흡이 있다. 복식호흡은 좋은 목소리를 갖는 기본이라고 볼 수 있다. 목으로 이야기를 하면 목이 쉽게 상하고 오래 말하기 힘들다. 그러나 배로 이야기를 하면 탄탄하고 안정적이다.

복식호흡을 말로 설명하니 어렵게 느껴지지만 사실 모두가 복식호흡을 하는 순간이 있다. 바로 잠을 자는 순간이다. 누워서 눈을 지그시 감고 호흡을 느껴보면 이해가 빠르다. 가장 편안하게 느껴지는 그 순간 우리는 복식호흡을 한다.

여기서 중요한 것은 '가장 편안하게 느껴지는 순간'이라는 것이다. 내가 편안한 호흡으로 깊은 소리를 낼 때, 듣는 사람도 가장 편안하게 느껴진다. 그렇기 때문에 우리는 복식호흡에 소리를 얹어 내야 하는 것이다.

나는 배우가 아닌데? 성악가가 아닌데? 못 할 것 같다고 생각하지 말자. 연습을 통해 우리는 좋은 소리에 가까워질 수 있다.

337 호흡법: 힘 있는 소리 만들기

일어나서 배에 손을 얹어보자.

3초 동안 숨을 들이마시고 (코로 공기를 들이마시며 배가 부풀어 오른다.)

3초 동안 숨을 머금고 (배에 공기가 찬 상태로 기다린다.)

7초 동안 숨을 내뱉는다. (공기를 입으로 내뱉으며 배가 들어간다.)

이 과정을 반복해 연습한다. (이때 어깨는 들썩이지 않도록 주의한다.)

코를 통해 숨을 들이마실 때 배에 공기가 꽉 차도록 힘껏 들이마시고, 반대로 입을 통해 숨을 내뱉을 때 배에 있던 공기를 한 톨도 빼놓지 않고 내보내 준다. 숨 쉬는 것이 이렇게 힘들었나 싶을 정도로 힘이 들어야 한다. 10번 정도 반복해서 연습하다 보면 땀이 날 정도로 에너지가 소비되는데, 바르게 하고 있는 것이다. 힘이 들지 않는다면 제대로 연습하고 있지 않은 것이다.

337 호흡이 충분히 된다고 생각하면 내뱉는 숨을 더 길게 늘려보자. 7초에서 10초, 20초, 30초까지 길게 내뱉는 법을 연습한다. 길면 길수록 좋다. 배에 호흡하는 근육이 생기면서 힘 있는 소리를 만들 수 있게 된다.

소리 내뱉기: 멀리 가는 소리 만들기

힘 있는 소리를 내는 근육이 만들어졌다면, 이번에는 멀리 가는 소리를 만들어보자. 목소리가 멀리 뻗어 나갈 때 청중의 귀에 더 잘 들어간다. '소리를 한다' 대신 '소리를 낸다', '소리를 내뱉는다'라고 표현하는 데는 이유가 있다.

프레젠테이션에서 소리는 밖으로 멀리 가야 한다. 머물거나 먹는 소리는 좋지 않다. 또 멀리 보내는 것과 고음으로 소리를 위로 내지르는 것은 다르니 유의해야 한다. 소리는 포물선을 그리며 부드럽게 뻗어 나가는 것이 좋다.

앞서 337 호흡법에서 7초 숨을 내뱉는 호흡에 소리를 얹어보자. '하-' 하는 음가를 살며시 얹어볼 텐데, 일부러 예쁜 소리를 낼 필요는 없다. 단순히 나가는 호흡에 음가만 얹는다. 대신 입은 턱을 벌려 크게 하는 것이 좋다. 하품하는 순간을 떠올리면 더 쉽게 이해할 수 있을 것이다.

멀리 가는 소리를 만드는 일이기 때문에, 시선도 먼 곳에 두고 시선이 머무는 곳까지 소리를 내보내 준다. 입에서 출발하는 '공기 에너지 볼 (ball)'을 던지는 것이다. 내 소리를 동그란 공이라고 생각하고, '하-' 소리 에너지를 포물선 형태로 던져 내보낸다.

'하-' 하고 내뱉는 소리로 연습이 됐다면, 가, 갸, 거, 겨 등 내고 싶은 소리로도 연습을 충분히 해준다.

배구공 던지기: 적당한 볼륨(volume) 만들기

분위기에 맞는 소리를 만들어 내는 것이 당신의 호감도에 얼마나 영향을 미치는지 알 것이다. 친구의 귀에 몰래 이야기하는 것과 모임 자리에서 건배사를 할 때, 창밖에 있는 누군가에게 소리칠 때 우리는 각각 다른 소리의 크기를 활용한다. 힘 있고 멀리 가는 소리가 완성되면 최종적으로 적당한 볼륨(volume)으로 말하는 것이 필요하다.

앞서 소리 에너지를 '동그란 공'으로 비유했는데, 역시 마찬가지다. 너무 큰 공은 받는 사람이 힘들고, 너무 작은 공은 흘려서 지나 보내기 쉽다. 또 너무 세게 던진 공은 피하게 되고, 너무 약하게 던진 공은 받으러 달려나가기 힘들다. 농구공, 배구공, 탁구공으로 비교하면 '좋은 목소리'의 기준이 와 닿을 것이다.

배구공 정도, 적당한 크기의 소리 에너지를 적당한 세기로 청중들에게 던져보자. 프레젠테이션에서는 내가 내기 좋은 소리보다 청중이 받기 좋은 소리가 우선순위이다.

좋은 표정으로 이야기: 열려있는 소리 만들기

회사에서 선배에게 꾸지람을 듣는다. 고개를 푹 숙이고 기어들어가는 목소리로 "네 죄송해요"라고 말한다. 온몸으로 잘못했음을 표현하는 것이다.

점심시간에 자주 가는 단골 카페에 갔더니, 카페 주인이 새로 마카롱을 만들었다며 싱글벙글이다. "한 번 먹어보세요~"라며 활짝 웃는다. 두 소리의 차이는 무엇일까.

소리를 낼 때 닫혀있는 소리를 내는 사람이 있고, 열려있는 소리를 내는 사람이 있다. 닫혀있는 소리를 내는 사람의 이야기를 들으면 어쩐지 답답하고 불안하다. 열려있는 소리를 내는 사람의 이야기에는 마음이 더 잘 열리기 마련이다. 소리의 열고 닫음은 앞서 말한 호흡에 있기도 하지만 표정으로도 충분히 만들 수 있다.

교수님과의 인터뷰 프로그램을 진행한 적이 있다. 방송에 들어가기 전에 대기실에서 함께 이야기를 나눠보니 편안하게 이야기를 잘 이끌어 가셨다. 중간중간 위트도 있어 함께 있던 피디와 작가도 미소짓게 만드는 분이었다. 그러나 카메라 앞에 서니 달라졌다. 굳은 표정에서 긴장감이 느껴졌는데, 역시나 대기실에서 대화하던 소리는 온데간데 없고 작은 소리로 말씀을 하셨다. 자신감 없는 소리는 내용과 분위기마저 어색하게 만들었다.

이렇게 굳어있는 표정은 소리도 닫히게 한다. 흔히 '먹는 소리'라고도 표현하는데, 입의 근육이나 얼굴이 근육이 수축되어 있다면 소리 역시 수축될 수밖에 없다. 실제로 무표정으로 크게 이야기를 하는 것은 힘들다. 웃는 얼굴로 이야기를 하는 것은 보는 사람이 호감을 갖게 하는 역할도 하지만 열린 소리로 이야기를 할 수 있게 한다.

얼굴의 근육을 이완시키고 활짝 웃으며 소리를 내보자. 표정을 풀기만 했는데도 소리가 편안해지는 것을 느끼게 될 것이다.

3. 신뢰를 주는 소리 만들기 [발음편]

학생들이 묻는다.

"음색이 좋으면 좋은 목소리 아닌가요?"

이 질문에 나는 언제나 "아니"라고 대답한다. 목소리를 구성하는 데는 발성만큼이나 중요한 것이 발음이라고 생각하기 때문이다. 요즘 친구들은 '딕션(diction) 좋다'는 말로 대신하는데, 발음이 귀에 확 꽂힌다는 말이다. 실제로 발음이 좋은 사람들의 말은 멀리서도 잘 들리고 쉽게 묻히지 않는다.

서현진 배우의 명품 딕션은 유명하다. 자연스러운 연기 속에서도 무슨 말을 하고 있는지 정확히 알 수 있다. 울면서 말하거나 소리를 질러도 모든 대사가 다 들린다. 덕분에 '믿고 보는 드라마'라는 수식어가 붙는다. 배우 중에도 딕션 논란이 있는 경우가 종종 있다. 자막을 켜도 무슨 말인지 못 알아듣겠다고 시청자들이 항의하기도 한다. 발음이 좋지 않으면 극의 흐름을 따라가기 힘들다.

작가가 의도한 의미를 100% 전하는 명품 배우의 소리처럼, 우리가 준비한 프레젠테이션을 성공적으로 수행하려면 정확한 발음은 필수다. 내가 전달하고자 하는 소리를 명확하게 전달하지 않으면 청중은 귀 기울여 들어주지 않는다.

우리말은 자음과 모음으로 이루어져 있다. 자음과 모음을 명확하게 발음하려면 입이 부지런해야 한다. 입을 게을리 움직이면 발음은 뭉개진다. 또 입은 크게 움직여야 한다. 작게 움직이면 그만큼 부정확하게 발음하게 된다. 모든 자음, 모음을 다 해주는 것이 중요하다.

가끔 뾰족한 묘책은 없나요? 하고 묻는 친구들이 있는데, 발음에는 요령이 없다. 정말 하나하나 다 발음해주는 것이 정확한 발음에서 가장 중요하다. 당신의 발음이 정확하지 않은 이유는 그냥 아무 생각 없이 발음하기 때문이다.

우리 말에는 그냥 쓰이는 자음과 모음이 없다. 하지만 여기서는 특히 주의해서 발음하면 좋은 발음을 소개해 본다.

자음: 주의해야 할 자음

자음 중에 ㄴ[니은], ㅎ[히읗] 발음을 주의해서 발음해주면 훨씬 또렷하게 들린다.

ㄴ[니은]: 건강관리 ▷ 겅강갈리(X) 건강괄리(O)

ㅎ[히읗]: 투자해야 합니다. ▷ 투자애야압니다(X) 투자해야함니다(O)

ㄴ과ㅎ: 안녕하십니까? ▷ 안녀아심미까(X) 안녕하심니까(O)

모음: 주의해야 할 모음

모음 중에 오, 우, 이, 아 발음을 정확하게 해준다.

'오'와 '우' 발음은 최대한 입술을 모아서, '이'와 '아' 발음은 최대한 입술을 벌려서 해준다. 이 발음을 대충 하면 그만큼 또렷하게 들리지 않는다.

오늘 / 우리 회사 / 이번 프로젝트 / 앞으로

기구기 니누니 디두디 리루리 미무미 비부비 시수시
이우이 지주지 치추치 키쿠키 티투티 피푸피 히후히

이 외에 이중모음도 신경 써서 발음해야 할 모음에 속한다. 이중모음을 단모음으로 처리하게 되면 말하는 화자는 쉽게 지나갈 수 있지만 듣는 사람은 흘려듣게 된다. 그러므로 이중모음을 철저히 지켜주기만 해도 당신의 목소리는 또렷해질 것이다.

외국인과 기관 ▷ 왜국인가 기간(X) 외국인과 기관(O)

팔게 됐다 ▷ 팔게 대따(X) 팔게 됐따(O)

관리해야 ▷ 간리애야(X) 관리해야(O)

4. 집중을 만드는 소리 [강조편]

　피아니스트 조성진의 연주를 듣다 보면 나도 모르게 귀를 기울이게 된다. 손가락이 움직이는 대로, 음악이 들려오는 대로 빠져든다. 들릴 듯 말 듯 작게 연주할 때는 나도 모르게 침을 조용히 삼키게 되고, 무너질 듯 크게 연주할 때는 감정이 함께 소용돌이치는 경험을 한 번쯤은 해봤을 것이다. 소리에 집중하게 되는 것이다. 어떤 소리는 그냥 흘러듣게 되고, 어떤 소리는 집중하게 된다. 둘 사이에는 어떤 차이가 있을까?

　AI가 발달하면서 음성지원이 되는 기기들이 많다. 요즘은 기술이 좋아져서 사람하고 비슷하게 말하지만, 몇 년 전만 해도 AI가 말하는 것과 사람이 말하는 것의 차이는 더 분명했다. AI가 말할 때 무슨 말인지 헷갈리는 경우가 있다. 이 둘 사이에는 어떤 차이가 있을까?

　두 가지 예시 모두 '좋은 소리'와 관련이 있다. 좋은 목소리를 만드는 데는 발성, 발음 외에도 박자와 강약이 필요하다. 박자와 강약이 없는 소리는 집중을 끌어내지 못한다.

　당신의 프레젠테이션이 하나의 연주라고 생각해 보자. 음악을 연주할 때 같은 박자로 연주하면 음악이 되지 않을 것이다. 또 같은 크기로 연주하면 듣는 사람들은 바로 일어나서 나갈 것이다. 프레젠테이션을 할 때도 같은 박자, 같은 크기의 목소리로 이야기를 하면 청중들은 집중할 수가 없다. 목소리의 변주가 있을 때 비로소 멋진 프레젠테이션이 완성된다.

예를 들어 10분간의 프레젠테이션을 한다고 생각해 보자. 물론 준비한 입장에서는 처음 인사를 하는 순간부터 질문이 끝나는 순간까지 모두 다 중요하다. 하지만 청중은 10분 내내 모든 단어에 집중할 수 없다. 꼭 들어야 하는 부분이 있고, 지나치듯 설명하는 부분이 있다.

따라서 우리는 프레젠테이션을 할 때 '강조점' 활용을 잘해야 한다. 강조의 소리를 잘 활용하면 귀에 쏙쏙 들어오는 경험을 줄 수 있다.

-속도

말의 속도를 빠르고, 느리게 해보자. 한결같이 빠르게 말하면 정신없고, 한결같이 느리게 말하면 지루하다. 단순 설명은 빠르게 지나가고, 꼭 들어야 하는 부분은 느리게 말한다.

-길이

말의 길이를 늘려서 해보자. '오랜 연구 끝에, 훨씬 더, 깨끗합니다'라고 담백하게 이야기하는 대신, '오~랜 연구 끝에, 훨~씬 더, 깨~끗합니다'라고 강조하고 싶은 부분의 말을 늘려서 하는 것이다. 간결하게 처리하는 것보다 쉽게 강조할 수 있다.

-크기와 높낮이

말의 크기를 크고 높게, 작고 낮게 해보자. 일반적인 크기로 말을 이어가다 갑자기 크고 높은 소리로 말을 하거나, 갑자기 작고 낮은 소리로 말을 하면 사람들은 집중하게 된다. 대부분 크고 높은 소리만 집중이 될 것이라고 생각하는데, 작고 낮은 소리도 귀를 기울이게 되는 중요한 포인트이다.

-포즈(pause)

말에 쉼표를 찍어보자. 쉼 없이 달리는 말은 숨 가쁘고 듣기 힘들다. 강조하고 싶은 부분 앞에서 한 박자 쉼표, 포즈(pause)를 두는 것이다. 신나게 프레젠테이션을 이어가다가 잠시 멈추면 사람들은 집중한다. 티가 날 듯 말 듯 짧게 보다는, 청중들이 '어?' 하는 순간을 잡는 것이 좋다. 중요한 순간에 한 박자 쉬어가라는 말 그대로, 중요한 부분, 강조가 필요한 부분 앞에서 쉬어준다.

5. 목소리 근육은 노력이다

친구가 바디 프로필을 찍겠다고 선언했다. 닭가슴살에 단백질만 먹어야 한다며 샐러드를 시키는 게 아닌가. 진짜 안 먹을 거야? 눈앞에 치즈가 반짝이는 피자가 있는데? 피자와 파스타의 유혹을 당당히 뿌리치는 모습을 보고 놀랐다. 평생 다시 돌아오지 않는 나이인데 한 번쯤은 멋진 몸을 가지고 싶다고 했다.

헬스장에 매일 가서 운동하더니 몇 달 만에 바디 프로필 사진을 완성하고는 뿌듯해 하며 달려왔다. 평소 운동을 하지 않던 친구라 반신반의했던 게 사실이다. 하지만 그 후로 친구는 틈틈이 운동을 하고 있고, 조금씩 해도 근육이 붙는 몸으로 바뀐 것 같다고 좋아했다.

좋은 목소리를 만든다는 것은 멋진 바디 프로필을 찍는 것과 같다고 생각한다. 하루아침에 벼락치기로 만들어지지 않는다는 것이다. 바디프로필을 찍기 위해서는 친구들과의 맛있는 저녁도 포기해야 하고 바쁜 일이 있어도 운동을 해야 한다.

팔 근육을 만들고 복근을 완성하는 것처럼 목소리 근육을 만드는 데도 시간이 필요하다. 복식호흡을 통해 힘을 기르고, 발음 연습을 통해 또렷한 음성을 만들어야 한다. 그뿐인가. 따뜻한 웃음으로 호감 가는 표정 연습까지 모두 좋은 목소리를 만드는 데 힘써야 할 것들이다.

그래도 좋은 목소리 만들기를 권하는 것은 비단 프레젠테이션 때문만은 아니다. 성공적인 프레젠테이션을 위해 시작한 '목소리 근육 만들기'가 당신의 인생 전체를 바꿀 수 있다.

한 번 자리 잡은 목소리는 평생 쓸 수 있다. 친구와 이야기를 할 때도, 회의를 할 때도, 아이에게 책을 읽어 줄 때도 좋은 목소리는 언제나 호감을 얻는다.

아나운서를 준비하는 학생들이 가장 많이 연습하는 문장은 무엇일까.

"안녕하십니까. 수험번호 00번 000입니다."

바로 인사말이다. 고개를 숙이고 있던 면접관들의 고개를 들게 하는 방법이 바로 내가 가지고 있는 '좋은 소리'이기 때문이다. 인사말을 수만 번 연습하면서 나만의 소리를 만드는 과정을 반복한다.

프레젠테이션의 첫 문장은 무엇인가. 그 문장을 어떤 소리로 시작할 것인가,라는 말은 어떤 발성과 어떤 발음과 어떤 분위기로 이끌 것인가,라는 말이다.

당신의 첫 문장으로 청중들의 시선을 사로잡길 바란다.

세상과 주파수를 맞추면
원하는 목표를 이룰 수 있습니다, 조민정입니다.

조민정

튠앤피치 대표
(주)비드리머 파트너 강사
대기업 프레젠테이션 컨설팅 다수 진행
IR피칭 컨설팅 1천 건 이상 진행

경쟁입찰 프레젠테이션

프로의 발표 자세

1. 특급 프리젠터의 3초 영업 비밀, 발표 제스처

상대의 말을 듣고 싶게 하는 강력한 3초의 법칙

프레젠테이션 강연을 나가면 연령이나 대상에 따라 소개팅이나 면접 상황을 예시로 드는 경우가 있다. 첫인상에 대한 이야기를 할 때, 3초의 법칙을 꼭 말하게 된다. 상대에게 반하는 시간은 3초면 충분하다는 그 법칙 말이다.

3초 동안 상대의 호감을 이끄는데 영향을 주는 요소는 실제로 발표의 전달력과 영향력에도 꽤 큰 역할을 한다. 학술적인 이론이 아니더라도, 우리는 일상에서 웃는 얼굴로 눈을 마주치며 대화할 때 상대에게 더 쉽게 호감을 느낄 수 있다는 것을 안다. 대화하는 상대의 눈빛이 흔들리며 손을 불안하게 떠는 모습을 볼 때 더 쉽게 집중력이 흐트러지는 경험도 해보았을 것이다.

시각적 이미지는 양날의 검과 같아서 잘 연출하면 좋은 영향을 극대화 시킬 수 있지만, 조금이라도 좋지 않은 모습을 보이면 메시지 전달력을 잃기도 한다.

2008년 한국 소통학회지에 실린 저널에서는, 시각 메시지가 호감도에 영향을 주는 반면 메시지 인지도에는 오히려 방해를 준다는 연구 결과를 보고하기도 했다(2008, 이유나, 허경호).

프로들은 이와 같은 점을 아주 잘 알고 있으며 적절한 상황에 잘 적용한다. 프로들은 자신들의 무대가 시작되는 순간 무대의 중앙에 자리를 잡는다. 청중들과 가벼운 눈인사를 한 뒤 미소를 지어 보이며 그 공간의 분위기를 부드럽게 집중시킨다. 발표 중에는 내용에 방해가 될 수 있는 불필요한 자세나 제스처를 최소화 시킨다.

아나운서들이 무표정을 짓는 이유, 쇼호스트들이 제품을 돋보이게 하기 위해 손을 움직이는 방법, 그리고 유명한 프리젠터들이 무대 위에서 보여주는 제스처와 동선은 대부분 계산된 것이다.

여러분도 그 3초의 비밀을 안다면 성공적으로 메시지를 전달하고 청중을 내 편으로 만들 수 있다.

2. 모르면 손해 보는 프로의 3초, 눈맞춤

눈맞춤은 왜 어려울까?

일전에 50대 직장인이었던 수강생 한 분이 스피치 수업 중 눈맞춤에 관한 충격적인 고백을 했다. 사실은 아직도 아내하고 쑥스러워서 눈을 맞추고 대화하기가 어색하다는 것이었다. 그때 새삼 '한국의 커뮤니케이션 문화가 정말 보수적이구나!'라고 생각했다.

어릴 적 나는 혼날 때마다 어른의 이야기를 더 귀담아 듣고자 곧잘 눈을 마주쳤다. 그럴 때마다 '어린 것이 눈을 동그랗게 뜨고 어른을 쳐다보냐'며 혼나기 일쑤였다.

발표나 대화에서 자신도 모르게 취하게 되는 제스처에 대한 태도는 어쩌면 문화의 차이라기보다는 개인의 성향 차이에서 비롯된 것일 수 있다. 내성적 사람들의 힘에 관한 책 〈콰이어트(Quiet)〉를 쓴 수잔은 테드 강연에서 랍비였던 할아버지에 대한 이야기를 들려주었다.

겸손하고 내성적이었던 그녀의 할아버지는 매주 사람들과 독서 시간을 가지며 설교를 하셨는데 사람들과 눈을 마주치지 못하셨다고 한다. 놀라운 것은 무려 62년 동안이나 설교를 해오신 분이라는 것이다. 그러나 눈을 못 마주친 것은 대외적으로 보였던 제스처였을 뿐, 그의 발표에는 언제나 애정이 가득했다고 그녀는 기억했다.

할아버지는 한 명 한 명과 인사하기 위해 연단에서 내려오셨고 그들의 말 한 마디 한 마디에 귀를 기울이는 모습을 보이셨다고 한다. 나는 이것이 할아버지가 그들에게 전달한 또 다른 발표의 제스처였다고 생각한다. 이는 충분한 시간과 여유가 있는 소통의 장에서 보여줄 수 있는 정말 좋은 제스처와 매너라고 생각한다. 그녀의 할아버지가 94세의 나이로 돌아가셨을 때, 경찰들은 아파트 주변을 봉쇄했는데 그를 추모하기 위해 너무 많은 사람들이 왔기 때문이었다고 한다.

나는 강연을 하면서 종종 수잔 케인의 테드 발표 영상을 언급한다. 그 이유로 첫 번째는 내성적인 사람이 얼마나 발표를 잘 할 수 있는지를 보여주는 가장 좋은 예이기 때문이고, 두 번째로는 (내성적인 사람치고가 아니라) 그녀가 발표에서 보여주는 따뜻한 눈맞춤, 차분한 음성과 속도, 적절한 제스처, 산만하지 않은 동선 움직임 등이 발표자로서 보여줄 수 있는 좋은 자세의 정석이라고 생각하기 때문이다.

실제로 그녀는 본격적으로 강연을 하기 전, 1년 동안의 연습 시간을 가졌다고 고백했다. 그 공들인 시간이 아깝지 않게 그녀의 강의는 현재까지도 인기 있는 강의 상위권에 링크되어 있다. 지금까지 수많은 강의를 봤지만 발표 마지막에 기립 박수를 받은 몇 안 되는 강의 중 하나로 기억한다.

전자에 언급한 50대 수강생은 사람들과 눈을 맞추며 발표하는 연습을 4~5회차 했고, 마지막 수업 때에는 부인과 눈을 마주치며 대화를 하게 되었다며 고마움을 표하셨다.

찰스 다윈은 말했다. 살아남는 종(種)은 강한 종도, 똑똑한 종도 아닌 변화에 적응하는 종이라고. 언제까지 익숙하지 않다는 이유로, 쑥스럽다는 이유로 청중의 눈을 피한 채 중요한 발표를 할 수 없는 노릇이다. 무엇보다 상대와 눈을 맞추며 메시지를 전할 때, 서로 진심이 통하는 순간을 여러분의 인생 전반에서 많이 느끼면 느낄수록 대인관계나 행복도가 더 좋아질 것은 분명하다고 말하고 싶다.

눈맞춤의 기본, 3초의 법칙

눈맞춤의 기본은 최소 3초간 지그시 상대를 바라보는 것이다. 사실 3초간의 눈맞춤은 꽤나 부담스러울 수 있다. 가장 좋은 방법은 실제 상황을 많이 부딪혀 보는 것이지만, 그런 무대를 만나는 것은 좀처럼 쉽지 않다. 따라서 눈맞춤이 부담스러운 감정을 극복하는 연습 방법을 제시한다.

방법은 간단하다. 자신이 좋아하는 연예인 사진을 놓고 눈을 뚫어져라 보는 것이다. 이때는 눈만 봐야 한다.

그런 다음, 너무 설레고 심장이 뛰어서 사진만 봐도 떨리는 상대를 보며 준비한 발표 내용을 이야기해 본다. 좋아하는 상대를 보면, 내가 준비했던 이야기나 하고 싶은 이야기가 다 잊혀지고 머릿속이 하얘지는 경험이 있을 것이다. 그걸 극복해 보는 것이다.

개인차가 있을 수 있지만 신기하게도 이렇게 시선을 맞추고 이야기하는 연습을 하다 보면 상대의 얼굴이나 표정, 눈빛에 신경 쓰지 않고 내가 하는 말의 내용에 집중하게 되는 때가 온다. 그때부터 발표의 주도권은 나에게 넘어 왔다고 확신해도 좋다. 이제 청중은 내가 하는 말에 집중하게 될 것이다.

발표의 타임라인에 따라 달라지는 눈맞춤 메시지

처음-말 인사 전 3초의 눈인사가 먼저!
마음속 대사
"안녕하세요. 만나게 되어 정말 반갑습니다."
Mindset
호감, 기분이 아주 좋은 느낌, 예의 바른 느낌
Action
오프라인/ 3초간 지그시, 한 분 한 분 정중하게, 그리고 인사(START)
온라인/ 카메라를 보고 여유 있는 미소, 인사

무대에 올라가면 준비된 내용을 전달하기 전 모든 청중을 한 번 살펴보자. 이때도 3초씩 지그시 눈을 맞추며 눈인사를 할 수 있으면 좋다. 그리고 마음속으로 이와 같은 대사를 해본다.

'안녕하세요. 처음 뵙겠습니다. 오시느라 고생 많으셨습니다.'

'지금 발표 시작하려고 합니다. 들을 준비 되셨나요?'

누군가가 지그시 눈을 맞추고 서 있으면 사람들은 하던 일을 멈추고 그 사람에게 집중하게 된다. 청중이 보던 핸드폰을 내려놓고, 하던 대화를 중단하고 여러분에게 집중하기 시작했을 때, 그때 자세를 바로 잡고 인사하길 바란다.

"안녕하세요. 이번에 OO에 관한 발표를 하게 된 OOO입니다. 반갑습니다."

멘트를 전달한 뒤에 반듯한 자세로 목례를 하게 되면 집중된 청중들은 박수를 보낼 것이다. 이렇게 정돈된 분위기에서 기분 좋게 발표의 오프닝을 진행해 보자.

중간 – 청중의 집중력을 확인하는 3초 아이 콘택트!!

마음속 대사
"지금까지 잘 전달이 되고 있나요? 궁금하신 점은 없으신가요?"

Mindset
중요 포인트, 열정

Action
오프라인/ 그룹화해서 3초씩 시선 분배
온라인/ 구두로 장표 위치 안내, 카메라 눈맞춤

준비한 내용이 아무리 좋아도 사람의 집중력에는 한계가 있다. 이럴 때 한 번씩 청중들의 집중력을 환기 시킬 필요가 있다. 이를 위해 중간에 궁금해 할 것 같은 부분에 대해 공감하며 질문을 던져볼 수 있다.

"그렇다면 ~에 대해 이런 생각 하실 겁니다."

이 같은 질문을 던지게 될 때 마음속으로 이렇게 말해 보자.

"여기 같이 보고 있으시죠?"

아마 집중력을 잃었던 청중의 눈빛이 다시 살아나는 것을 바로 볼 수 있을 것이다.

이때 발표자는 청중이 많다면 자연스럽게 시선을 분배하게 될 것이다.

몸을 틀지 않고 고개만 돌려 동공만 맞추는 느낌으로 눈을 마주치면 자칫 째려보는 것처럼 상대가 느낄 수 있다. 최대한 상대와 얼굴 또는 명치를 맞춘다는 느낌으로 상체 전면을 틀어서 눈을 맞추어야 보기 좋게 시선을 분배할 수 있다.

또한 요즘은 온라인으로 발표를 하는 경우가 꽤 많다. 발표 상황에 따라서는 장표에서 말하는 그래프나 표 등 디테일한 정보를 전달하는 경우가 있다. 이때 발표자가 대본만 읽게 되면 청중은 발표자가 무엇을 말하는지 놓치게 되고 집중력을 잃는다. 함께 같은 장표를 보며 손이나 특정 포인터로 어디를 가리키는지 보여줄 수 없는 상황에서는 구두로라도 장표의 위치를 눈으로 따라올 수 있도록 해주어야 한다.

"현재 보시는 장표의 오른쪽 상단의 그래프를 보시면."

"장표 왼쪽부터 오른쪽 순으로 설명드리겠습니다."

대사를 입으로 몇 번씩 읽어 붙여보자. 익숙해지면 대본에 꼭 대사를 쓰지 않아도 청중과 호흡하며 집중할 수 있는 온라인 강의와 발표를 할 수 있게 될 것이다.

마무리 - 감사&확신을 전하는 3초 마무리!!

마음속 대사
"이제 다 끝났습니다. 소중한 시간을 내어주셔서 감사합니다."

Mindset
감사하는 마음

Action
오프라인/ 확신에 찬 눈빛으로 시선 분배 후 감사 인사
온라인/ 카메라 눈맞춤 후 인사

　프레젠테이션에 대한 이야기를 할 때, '열정'이라는 단어를 빼놓을 수가 없다. 자신들이 기획한 내용을 상대에게 제안, 전달해 확신을 심어 주어야하는 것이 프레젠테이션의 속성이기 때문이다.

　자신이 제안하는 내용에 대한 확신이 없는 상대에게 그 누구도 돈을 투자하거나 거래를 승낙할 일은 없다. 따라서 중간중간 표현의 차이는 있을 수 있지만 발표자는 자사의 전략에 대한 장점을 지속적으로 강조하게 된다. 또한 눈빛으로 그 확신을 전달할 수 있다.

　마음속으로 '이 기획 정말 대단하지 않습니까?', '우리의 제안, 정말 최고이지 않습니까?'라고 말해보자. 그냥 단어를 전달하는 것보다 청중에게 뭔가 꽂히게 하는 강렬한 포인트를 줄 수 있다.

　확신을 담아 전달했다면 마지막으로 인사하는 순간만큼은 지금까지 시간을 내어준 청중에 대한 감사를 담아 꼭 한 분 한 분께 눈을 맞추며 인사하자.

3. 확신을 주는 3초의 움직임, 자세와 제스처

자세는 상대에 대한 신뢰를 결정하는데 큰 영향을 준다. 곧은 자세가 주는 인상적인 경험을, 살면서 몇 번 해본 적이 있다. 손에 꼽히는 정도였다. 그만큼 자세가 곧은 사람을 많이 보지 못했기 때문이다.

반듯한 자세를 가진 사람에게는 당당함의 아우라가 있다. 발표 상황에서 그 사람의 전반적인 모습이 한눈에 들어온다. 자세가 주는 에너지에 사람들이 영향을 받는 것이 아닌가 싶다.

발표의 순간에만 연출하거나 연기하는 식의 자세는 어딘지 부자연스럽다. 평소 발표자의 모습이 자연스럽게 노출이 된다고 해도 과언이 아닐 것이다. 따라서 발표 상황에서 좋은 자세를 보여주고 싶다면, 뻔한 이야기이지만 평소 자신의 몸가짐을 바르게 하는 것이 좋다.

오프라인

사진출처: https://www.ted.com

오프라인 발표에서는 청중의 시선 안에 무대 위 발표자의 전신이 모두 들어온다. 그러다 보니 머리끝부터 발끝까지 신경을 써야 하는 것들이 많다. 무엇보다 전신의 모든 동작에 여유와 안정감을 보여주는 것이 중요한 포인트이다.

이를 위해 첫 번째로 몸의 흔들림이 포착되지 않는 것이 중요하다.

기본적인 자세는 몸의 중심이 되는 배에 힘을 주어 허리를 곧게 펴고, 등 날개 뼈 주위 근육에 힘을 받쳐주어 어깨까지 잘 뻗게 하는 것이다. 또한 엉덩이에도 힘을 주면 다리가 떨리는 것을 방지할 수 있다. 괄약근에 적절히 힘을 줄 수 있다면 다리가 무대 위에 안정적으로 안착하는데 도움이 될 수 있다.

사진에서처럼 안정적인 자세와 여유있는 미소, 그리고 디바이스를 사용하는 손을 제외하여 자연스럽게 제스쳐를 취하는 것이 좋다. 손은 대부분 마이크나 포인터를 쥐고 있을 경우가 많다. 자신이 편한 쪽을 선택하는 것이 가장 좋지만 대부분 자주 쓰지 않는 손에 마이크를, 자주 쓰는 손에 포인터를 잡는 경우가 많다. 이 같은 경우 마이크의 위치는 가슴의 중앙 정도로 오게 하는 것이 가장 안정적으로 보인다.

손 안의 포인터는 최대한 보이지 않도록 하는 것이 좋다. 포인터를 누르는 작은 행동이 은근히 청중의 시선을 분산시켜 발표 내용에 집중하는 데 방해가 되기 때문이다. 또한 가끔 발표 장표의 특정 부분을 가리키기 위해 포인터의 레이저를 사용하게 될 때가 있다. 하지만 포인터가 시선을 제대로 끄는 효과를 기대하기 어려울 뿐만 아니라 자칫 더 산만해질 수 있어 많이 사용하지는 않는 추세다.

요즘은 화면에 잘 보이지 않는 레이저 대신 스포트라이트 효과를 주는 등의 고사양 포인터도 있으니 발표를 능숙하게 하는 프로들이라면 드라마틱한 효과를 위해 다양한 방법을 시도해 볼 수도 있다.

가끔 내용에 어울리는 제스처를 사용하고 싶은 경우가 있다. 실제 발표의 프로들은 간단한 숫자나 구간을 의미하는 단어들을 이야기할 때, 적절한 제스처를 사용해 전달력을 상승시키기도 한다.

이때에는 무엇보다 정확하고 자신감 있게 제스처를 취하는 것이 중요하다. 손가락이 굽어있거나 위치가 어깨 라인을 벗어나 너무 아래에서 작게 취해진다면 안 하느니만 못한 제스처가 되어버리니 주의하는 것이 좋다.

온라인

비대면 상황에서의 발표나 프레젠테이션은 앞으로 우리가 더 자주 접하게 되는 환경이 될 것이다. 기본적으로 카메라 앵글을 청중이 보기 편한 느낌으로 맞추어 세팅해 놓는 것부터 신뢰감이 가는 모습을 보여주는 것까지 전 과정이 중요하다.

기본적으로 카메라에서 말하는 바스트 샷의 정석은 사람의 머리 위에 주먹 정도가 들어갈 수 있는 헤드룸이 있고 명치 언저리까지 나오도록 앵글을 잡는 것이다. 가장 확실한 예는 우리가 아침 뉴스에서 볼 수 있는 카메라 앵글이다. 그렇게 카메라 구도가 설치되어 있다면 이제 상체의 바른 자세를 점검해 볼 필요가 있다.

사진 출처: The Power of introverts. https://www.ted.com

일반적으로 등이 굽은 사람은 정면에서 그 상태로 카메라를 보고 있으면 평소보다 얼굴이 더 크게 나오고 어깨는 좁게 나올 수 있다. 따라서 등 뒤 날개 뼈 주변의 겨드랑이쪽 근육을 평평하게 벽에 밀착하는 느낌으로 펴내면 자연스럽게 어깨가 직각으로 벌어지고 거북목이 들어가게 될 것이다.

평소에도 이 자세를 연습하면 좋다. 특히 상체 중심으로 나오는 화면의 앵글에서 미리 자세가 편안하게 나오도록 만들어두면 좋다.

또한 온라인에서는 카메라 안에서의 움직임이 생각보다 더 크게 포착된다는 점을 알아야 한다. 아나운서들은 카메라 앵글 안에서 습관적으로 머리를 쓸어 넘기거나 상체를 흔드는 등의 작은 습관도 절제하도록 교육을 받는다. 이는 카메라 앵글이 발표자에게 집중되는 환경에서는 작은 움직임도 너무 크게 보여 정작 말의 내용 전달에 방해를 줄 수 있다는 것을 알고 있기 때문이다.

또한 쇼호스트는 제품을 보여줄 때 마치 슬로우 모션을 하는 것처럼 제품을 천천히 보여준다. 카메라에 잡히는 모습이 생각보다 크고 빠르게 보이기 때문이다.

따라서 오프라인에서 활발하게 제스처를 취하고 액션을 크게 취했던 사람의 경우, 온라인 상황에서는 평소 움직임의 1/3만 하도록 한다. 제품을 보여주는 시연에서는 카메라로 직접 찍어보고 어느 정도의 속도로 제품이 잘 보이는지를 확인하는 작업을 거칠 필요가 있다.

어깨 라인에 맞추어서 되도록 몸통을 너무 벗어나지 않는 정도의 공간에서 손으로 말을 하면 단어의 전달이 더욱 잘 된다. 준비한 대본에 대사를 응용하여 손동작을 넣어 말해보자.

또한 무엇인가를 손으로 가리킬 때는 한 손가락을 사용하기보다(자칫 삿대질처럼 보일 수 있다) 손가락을 가지런히 모아 손바닥을 보여주며 가리키면 더욱 공손하고 정제된 제스처를 보여줄 수 있다.

4. 3초 동안 청중을 끌어당기는 가장 강력한, 표정

현실과 미래를 구분하지 못하는 뇌

투자 유치 발표를 준비하는 대표님들의 표정은 다양하다. 사업이 성장하고 있는 회사 대표님들의 표정은 여유가 넘치고 자신감이 보인다. 반면 사업 초기이거나 성과가 부진한 회사의 대표님은 왜인지 모르게 주눅이 든 표정을 보일 때가 있다.

발표 컨설팅을 할 때 도저히 표정이 나오지 않는 대표님들에게 이렇게 말한다.

"지금 통장 속에 개인 자산 40억이 있다고 생각해 보세요!"

말도 안 되는 소리라며 어이가 없다는 듯 웃으시는 분들도 있지만, 무척 진지하게 조언을 받아들인 대표님들은 이내 표정이 무척 밝고 자연스러워진다. 왜인지 모를 여유까지 느껴진다. 그 여유와 밝은 느낌으로 발표하면 된다. 어이없고 황당하지만 미래에 있을 자신의 통장 속 40억을 떠올리면 저절로 자신감 있고 여유 있는 미소가 지어진다.

우리는 가끔 눈앞에 닥친 실패나 두려움에 대해 고민하고 있을 때 그것을 생각하느라 표정이 어두워진다. 실제로 발표할 때에도 '실패하면 어쩌지', '지금 다 준비가 충분하지 않다는 것을 알아차리면 어쩌지'라는 생각에 발표자들은 두려움에 휩싸인다. 생각이 꼬리를 물면 그 마음이 얼굴에 투영되어 굳어져 있거나 화난 듯한 표정이 나온다. 반면 발표가 끝나고 나서 투자 유치를 받게 되는 상상, 좋은 발표였다며 박수를 받는 상상을 하면 표정이 달라진다.

신기하게도 뇌는 현실과 상상을 구분할 수 없기에 상상만으로도 자신감이 묻어나는 표정이 나올 수 있다. 어쩌면 배우들은 항상 상황에 이입하는 연습을 하기 때문에 실제로 처한 상황이 아님에도 실제 인물인 듯한 눈빛과 표정을 보여주는지도 모른다.

실제로 나는 강연을 할 때, 강의 마지막에 수강생들이 박수치는 장면을 상상하며 강의를 시작한다. 그러면 저절로 여유 있는 표정이나 강의 아이디어가 나와 더 좋은 강의를 할 수 있게 되고, 수강생들의 평가 또한 좋게 연결되는 경험을 많이 했다.

발표자는 연습을 충분히 했음에도 항상 부족한 모습, 준비가 덜된 부분만 크게 느껴진다. 하지만 무대에 선 순간만큼은 '오늘 발표를 잘 해내고 끝마칠 때는 모두가 내 제안에 찬사를 보내게 될 거야'라고 되뇌며 발표 마지막 장면을 머릿속에 그려보는 것을 권한다.

실제로 투자 제안 프레젠테이션을 할 때 너무 절박한 모습보다 '이미 우리 회사는 매출이 꽤 안정적으로 나오고 이런 우리 회사에 투자할 수 있는 기회는 한정적이에요'라는 마음을 가지면 그와 같은 표정과 아우라가 나오기도 한다. 이런저런 생각이 떠오르지 않는다면 통장 속 40억을 떠올려 보기 바란다. (꼭 40억이 아니어도 좋다.) 저절로 여유 있는 표정과 아이디어가 떠오를 것이다.

진지함을 전하는 표정

사회 초년생 시절, 아나운서 시험을 준비하다 보니 미소에 대한 연습과 중요성에 온 신경이 집중되어 있었다. 무슨 이야기를 할 때마다 미소를 머금는 것이 버릇이 되었다. 선배가 혼낼 때도 자꾸 입꼬리가 올라가 적당히 넘어갈 일인데 더 많이 혼난 적도 있다.

그렇게 시간이 지나고 영상 촬영을 하는데, 내용의 중요성이나 무게와 상관없이 시종일관 웃고만 있는 영상 속의 내 모습을 보고 얼마나 이상했는지 꽤나 충격이었다. 이별 노래를 부르며 생글생글 웃고 있는 가수를 볼 때와 같은 심정이라고나 할까.

진지한 표정을 짓는다는 것은 무표정하거나 무서운 표정을 짓는다는 것과는 다르다. 일반적인 무표정은 인상이 좋도록 기본 값을 만들어두면 좋다. 다만 진지한 내용을 말할 때만큼은 '이 사람이 정말 집중하면서 말하고 있구나', '뭔가 중요한 거구나'라는 인상을 주는 것이 중요하다. 그래서 나는 이 부분은 "정말 중요합니다!"라고 미리 리드 멘트를 하거나, "~부분에 대해 고민이 많으셨을 텐데요"라고 공감이 되는 부분에서 그 진지한 표정을 짓기를 권한다.

시종일관 발표 내내 좋은 인상만 남기겠다는 이유로 내용과 맞지 않는 미소를 짓는 것은 정말로 좋지 않은 인상을 남길 수 있다는 것을 다시 한 번 체크하고 넘어가자.

뒤센 미소

'사람의 마음을 울리는 것은 순수한 영혼과 에너지다'라는 말이 있다.

청중의 눈길을 끌고 '다시 보고 싶다' 혹은 '저 사람과 계속 만나보고 싶다'라는 인상을 주기에 가장 좋은 방법은 무엇일까? 바로 대가를 바라지 않고 순수한 마음으로 환하게 웃는 것이다.

뒤센 미소(Duchenne's Smile)는 아기가 엄마를 보고 웃을 때 나오는 진짜 미소를 말한다. 진짜 미소를 지을 때는 입가 주변과 눈가 주변의 근육이 한껏 올라간다. 진짜 미소와 가짜 미소의 차이를 기욤 뒤센이라는 박사가 처음 발견하여 뒤센 미소, 뒤센 근육이라고 불리게 된 것이다. 실제로 뒤센 근육을 잘 올리면 보는 사람뿐만 아니라 실제로도 기분이 좋아지는 효과가 나타난다.

뒤센 미소에 대한 후속 연구가 있다. 하커(Harker)와 켈트너(Keltner)는 캘리포니아에 있는 대학교 졸업생 141명을 연구대상으로 30년간 그들을 추적 조사했다. 졸업사진을 분석한 결과, 이들 가운데 50명의 졸업생은 눈꼬리 근육이 수축 되고 눈이 반달 모양이 되는 환한 뒤센 미소를 짓고 있었다. 반면 나머지 91명은 카메라를 보며 인위적인 미소를 지어

보였다. 실험 결과는 예상한 바와 같다. 뒤셴 미소를 자주 짓는 사람은 그렇지 않은 실험군의 사람들보다 건강과 생존율이 좋았으며, 이혼율은 낮았고 평균 소득은 절대적으로 높았다는 결과를 보였다.

실제 저자도 2년을 연습한 결과, 인상이 많이 부드러워졌고 가장 가까운 가족을 비롯해 주변 사람들과의 관계도 훨씬 더 부드럽고 원활해졌음을 느꼈다.

준비한 발표로 청중을 설득시켜야 하는 프리젠터의 경우, 짧은 시간 동안 상대방에게 신뢰와 호감을 빠르게 이끌어내야 하는 것은 필수적인 덕목이다. 따라서 뒤셴 미소는 평소 일상에서부터 스며들도록 만들어두면 발표 시에 심각한 표정을 짓거나 진지한 모습을 보일지언정 화난 사람으로는 보이지 않을 수 있다.

5. 자연스러운 발표를 위한 연습, 연습, 연습

나의 발표 이야기

내 인생을 바꾼 첫 번째 발표가 있었다. 대학교 4학년 때, 신문방송학을 부전공으로 들으며 1년 동안 언론고시를 준비했다. 3년 넘게 전공 과정을 이수하여 신문방송학 관련 지식과 교양이 가득 찬 선배와 동기들 사이에서 나는 학년만 4학년일 뿐 아는 것이 하나도 없었다.

팀 프로젝트가 있어서 다른 동기들이 자료를 준비하고 내가 대표로 발표를 하게 되었다. 나와 같은 학생들을 제외하고 모두가 전공생인 자리에서 내가 제대로 발표를 할 수 있을까 걱정이 되었다.

팀을 대표해서 발표해야 할 때는 무엇보다 사명감과 책임감이 생긴다. 대충 발표하는 순간 자료를 조사하고 기획한 팀원들의 수고가 물거품이 될 수도 있기 때문이다.

발표 자료가 전달되었고, 팀원들과 장표에 대한 이해를 충분히 할 수 있는 대화의 시간을 가졌다. 나는 발표 전날 새벽까지 발표에서 입을 검정색 셔츠와 치마를 입고 발표 상황과 똑같이 장표를 띄워놓고 연습을 했다.

부모님은 학교에서 하는 발표를 뭐 그렇게까지 열심히 연습하냐고 하셨지만, 자존심이 셌던 나는 '발표하다 망하는 꼴'을 얼굴도 잘 모르는 사람들에게 보여주고 싶지 않았다.

예전 영어를 가르쳐주었던 은사님이 하셨던 말이 계속 머릿속에 맴돌았다.

"누군가의 앞에서 5분을 말한다는 건 그 사람의 5분을 네가 가져온다는 거야. 200명 앞에서 5분 스피치를 하면 너는 1,000분의 남의 시간을 가져 온 거야. 그러니까 너는 그 값어치를 할 수 있는 말을 해야 해."

말의 무거움에 대해, 발표라는 것의 무게에 대해 그때 다시 생각하게 되었다. 전공생들의 시간을 무의미하게 흘려보낼 수 없다는 생각까지 더해지면서 무척이나 비장하게 발표 준비를 했다.

발표 당일, 내 대본은 해당 페이지에서 꼭 강조해야 할 단어에 형광펜이 쳐져 있었고 누가 봐도 너덜너덜했다. 지나가던 전공생 선배가 "뭘 그렇게까지 열심히 해"라며 무안을 주고 지나갔다. 살짝 부끄러웠지만 '내 갈 길 가자'는 생각뿐이었다.

조별 발표가 시작되었고, 내 순서가 되었을 때 나는 꽤 내용 숙지가 잘된 상태였다. 발표가 시작되자 그 전까지의 긴장감은 온데간데없고 자신감이 상승했다. 곧 모든 청중들과 눈을 하나하나 마주치며 준비한 내용을 전달할 수 있었고, 시간도 딱 맞게 군더더기 없는 발표를 끝냈다.

교수님께서는 발표 끝에 피드백을 주시면서 "혹시 아나운서 준비해 볼 생각이 없나?"라고 물어보셨다. 그 발표를 계기로 신문방송학과 언론고시 준비반에 들어갈 수 있는 기회도 얻었다.

반면, 나에게 무안을 주고 지나갔던 선배의 발표는 보고 있기 민망할 정도로 반응이 좋지 못했다. 이미 알고 있는 내용이라는 생각에 편하게 올라갔을 터였겠지만 막상 각 장표에서 무슨 이야기를 하는 것인지 정확한 메시지가 드러나지 않았다. 결국, 청중들의 시선과 표정이 점점 어두워졌고 그 반응을 눈치 챈 선배의 목소리가 급기야 떨리기 시작했다. 5분의 발표를 10분 정도까지 늘여서 하니 청중의 반응은 점점 더 좋지 못했다. 결국 준비한 내용을 전달하긴 했지만 발표 끝에 죄송하다는 인사와 함께 도망치듯 내려오는 모습을 볼 수밖에 없었다.

발표는 그 분야의 전문가라서, 발표 주제나 내용에 대해 대단히 잘 안다고 해서 잘할 수 있는 영역이 아니다. 발표는 연습을 많이 한 사람만이 잘할 수 있다.

다른 무엇보다 진짜 프로들이 갖고 있는 것은 단 하나 '연습을 대하는 태도'라고 생각한다.

'나는 타인의 시간을 가치 있게 만들어 주기 위해서라도 내 시간을 투자해서 연습을 한다.'

그 마음가짐만 있다면 어떤 발표든 성공적인 결과를 가져올 것이다.

한다면 하는 사람, Just 'DO' it!
꿈을 가진 여러분의 멘토, 도지은입니다.

도지은

㈜비드리머 이사
서울경제TV 메인 앵커
SBS Biz 외신캐스터
KBS1 〈과학으로 보는 세상 SEE〉 리포터
CJB청주방송 (청주SBS) 라디오 출연
부경대학교 프레젠테이션 및 스피치 강사

R=VD, 경쟁입찰 프리젠터의

리허설 방법

1. 특명, 발표 공포증을 이겨라

경쟁입찰이라는 큰 무대를 앞두고 리허설을 하는 모든 분들에게 도움이 되길 바라는 마음이다. 본격적인 내용 이전에 저자의 흑역사를 먼저 말해보려고 한다.

대학교 신입생 시절 패기롭게 대학생 연합 발표 동아리의 무대 위에 올랐다. 5분 동안 열심히 '어…, 그…'만 남발하다가 내려왔다. 평소 나의 말재주만 믿고 준비 없이 올라간 발표 무대는 말 그대로 '딱 죽을 맛'이었다. 아이러니하게도 발표 동아리에 들어간 순간부터 발표 공포증이 생긴 셈인데, 5분이 마치 50년처럼 느껴지는 진귀한 경험을 했다.

스무 살 여름, 인생의 쓴맛을 제대로 맛본 나는 그날 이후 스스로 만족할 때까지 연습을 멈추지 않는 '리허설 광인'이 되었다.

말하는 직업을 업으로 삼은 뒤에는 주변에서 '발표 공포증을 이기는 방법'에 대해 물어보곤 한다. 그럴 때마다 나는 무조건 '연습' 또는 '리허설'이라고 대답한다. 이런 당연한 대답에 실망한 기운이 역력한 표정을 짓는 분들도 있다.

그러나 미안하게도 다르게 말해줄 비법은 없다. 오직 연습뿐이다. 발표 대본을 한 번 보고 완벽하게 외울 수 있는 초능력자가 아닌 이상 발표는 연습만이 살길이다. 단, 단순히 머리가 아닌 온몸으로 대본을 이해하고 흡수하고 각인시켜야 한다는 것이 중요한 포인트이다.

그림 출처: 픽사베이

발표 무대가 두렵게 느껴지는 이유는 크게 두 가지다.

\- 준비가 미흡한데, 들통나면 어떡하지?

\- 모두가 나만 바라보는 게 무섭고 부담스러워!

CASE1. 준비가 미흡하여 내 실력이 들통나지 않을까 두려운 경우

이 경우는 시간이 허락한다면 다시 이 책의 첫 장으로 돌아가 차근차근 미흡한 부분을 채워갈 것을 권한다. 기획이나 컨셉 등 발표의 중요한 알 맹이가 없거나 부실한 상태로 발표 리허설을 진행해봤자 언젠가 반드시 한계에 부딪히기 때문이다.

경쟁입찰은 발표자가 발표만 예쁘고 멋지게 한다고 해낼 수 있는 영역이 아니라는 것을 앞선 파트에서 충분히 설명하였을 것이다. 그럼에도 시간이 빠듯하여 리허설을 강행해야 하는 경우라면 강점은 최대로, 약점은 최소로 보일 수 있도록 발표 연습을 하는 것이 중요하다.

모든 것이 완벽한 기업은 세상에 없다. 내가 맡게 된 발표의 논리적 약점이 존재하더라도 한정된 시간 내에 강점 위주로 내용을 배치하고, 발표자가 자신있게 해당 내용을 전달한다면 충분히 보완할 수 있다. 그러므로 발표자는 200% 발표 내용을 이해하고 있어야 하며, 말에 힘을 실어줄 수 있는 아이 콘택트, 동선, 제스처(손짓 및 몸짓) 등 비언어커뮤니케이션 부분까지 철저하게 계산하여 발표 연습을 해야 한다.

CASE2. 모두가 나만 바라보는 것이 부담스러워 무대가 두려운 경우

대부분 발표를 두려워하는 사람들은 이 경우에 해당한다. 무대를 즐기는 타고난 연예인형 인간이 아니라면 불특정 다수에게 주목받는 것은 당연히 부담스럽고 두려운 게 맞다.

그림 출처: MBC 〈나 혼자 산다〉 장도연 편 중

외부에서 오는 압박감이나 긴장감이 '0'일 때 발표를 지속하는 성질을 나는 '발표 관성의 법칙'이라고 말한다. 그러면 어떻게 압박감이나 긴장감을 0의 상태로 만들 수 있을까?

답은 개그우먼 장도연 씨의 말에서 찾을 수 있다. 대인기피증을 이겨낸 그녀의 명언인 '나 빼고 다 별것 아니다!'를 머릿속에 되뇐다. 내가 지금까지 해온 리허설을 오롯이 믿고 나머지는 모두 내려놓는다.

경쟁입찰은 발표 현장의 압박감이 상당하다. 그 분위기에 압도당하면 준비한 것의 반도 발휘하지 못하게 된다. 이 긴장감을 이기는 열쇠가 바로 '리허설'이다. 내가 준비해온 대로, 준비해온 만큼 발휘하자는 마음을 가지고 이야기를 들을 의사결정권자들에게 대화를 시도해 보자.

내 앞의 의사결정권자들은 생각보다 친근한 존재이다. 그들이 모르는 지식을 내가 잘 알아듣도록 친절하게 설명해 주는 일이라고 생각하면 마음이 한결 편안해진다. 긴장감에서 벗어나면 그때부터는 물 흐르듯 '관성의 법칙'에 따라 발표는 흘러갈 것이다.

2. 리허설 A to Z

앞서 리허설의 중요성에 대해서 강조했다. 이제 실전 리허설만 앞두고 있다. 해야 할 사항들을 순서대로 정리해보았다.

발표 대본 작성

많은 분들이 중요한 발표를 앞두고 대본을 작성한다. 발표 시간이 길면 발표 대본의 양도 많아지겠지만, 준비 과정 중에 한 번쯤은 발표 대본을 작성해보는 것을 추천한다. PPT에서는 보이지 않던 부자연스러운 부분이나 부실한 연결 고리를 발견할 수 있고, 발표 분량 및 내용 배치가 적절한지도 한눈에 파악할 수 있기 때문이다. 더불어 팀원들과 발표에 대한 피드백을 받기에도 쉽고, 무엇보다 내가 올라야 할 목표 지점을 눈으로 한번 확인하면 심신의 안정에도 도움이 된다.

대본을 작성할 때 제1원칙은 당연히 '구어체'로 작성해야 한다는 것. 문서로 대본을 작성하다 보면 나도 모르게 '문어체'로 쓰게 된다. 무대에서 발표할 때 우리는 문어체가 아닌 구어체를 쓰기 때문에 대본도 반드시 구어체로 작성하도록 하며, 평소 나의 언어 습관을 바탕으로 평소에 잘 쓰지 않는 단어 및 구조는 사용하지 않도록 한다.

문어체 예시: 어머니가 맛집을 알려 주어서 이곳에 처음 오게 되었습니다.

구어체 예시: 어머니가 맛집을 알려줘서 이곳에 처음 오게 됐습니다.

다음은 언어적인 부분뿐만 아니라 비언어적인 부분까지 상세하게 작성하는 것이다. 마치 연극 대본의 지문처럼 표정이나 몸짓, 동선 등을 필요한 부분에 배치하여 최대한 자세하게 작성한다. 혹자는 이런 것까지 적어야 하냐고 되묻기도 하는데 지문의 여부에 따라 발표의 완성도가 달라지기도 한다. 이 또한 몸에 익히는 연습을 해두지 않으면 실제 무대에서 놓칠 수 있으므로 대본 속 지문은 최대한 구체적으로 내용에 맞는 위치에 적어 두고 연습하는 것이 중요하다.

발표 대본 속 지문 예시: (왼쪽에서 오른쪽으로 동선을 이동하며) 지금까지는 A에 대해 설명했다면 다음은 B에 대한 이야기로 넘어가도록 하죠.

방구석 리허설

대본 작성을 마친 후 본격적으로 대본을 외우기 시작한다. 성실하게 대본을 작성했다는 가정하에 최대한 대본을 완벽하게 외우는 것에 초점을 맞추어 진행한다.

사람마다 외우는 방법은 가지각색일 텐데 발표 대본은 기본적으로 소리 내어 외우는 것이 가장 효율적이다. 실외 및 공공장소에서는 소리 내어 연습하기가 다소 어려울 수 있다. 따라서 혼자만의 공간을 확보하고 리허설을 진행하는 경우가 많아 저자는 이 과정을 '방구석 리허설'이라고 말한다.

방구석에서는 뭐든 해볼 수 있다. 손짓이나 몸짓, 아이 콘택트, 제스처 등 더 나은 요소를 넣거나 뺄 수도 있고 외우다 안 되면 '다시'를 외치며 처음으로 돌아갈 수도 있다. 대본을 슬라이드 순서에 맞게 자른 뒤 외우기도 하고, 밑줄을 긋거나 색을 칠하며 외우는 등 다양한 암기 방법을 실천해 본다. 나에게 맞는 암기 방법을 연구해 보고 발견하는 것도 매우 중요하다.

실전 리허설

방구석 리허설을 통해 내용에 대한 암기를 마쳤다면 이제는 실전 리허설에 돌입할 단계이다. 실제 발표 무대에 선다는 생각으로 옷도 갖춰 입고, 프리젠터를 사용하며 PPT 앞에 서서 리허설을 진행한다. 내 눈앞에 의사결정권자들이 앉아 있다고 상상하며 리허설을 진행하는 것이 중요한데 여기서 '다시'는 없다.

말을 버벅거려도 내용이 생각나지 않아도 다시 처음부터 진행하지 않도록 한다. 시간이 굉장히 오래 걸리더라도 시작했다면 끝을 맺어 보는 것이 실전 리허설에서 가장 중요한 부분이다. 실제 발표를 하는 도중에 "다시 하겠습니다!"가 불가능한 것처럼 실전 리허설도 모든 것이 실제와 같도록 세팅하기 위함이다.

발표하는 장소를 방문할 수 있다면 가장 좋겠지만 보통 그럴 수 있는 확률은 낮다. 그렇기에 최대한 발표 장소와 비슷하게 꾸며 끊임없이 자신을 스스로 무대에 밀어 넣는다.

이 단계에서 혹시나 반복적으로 실수가 나오는 부분이 있다면 실제 무대에서는 어떻게 대처할 것인지 나만의 전략을 짜볼 수 있다. 실전 리허설을 반복하다 보면 발표 시간에 대한 감각 또한 자연스럽게 몸에 익히게 된다.

〈실전 리허설 체크리스트〉

발표 의상을 갖춰 입었는가?

발표 자료(PPT)를 세팅해 두었는가?

프리젠터(혹은 포인터)가 제대로 작동되는가?

대본과 동일한 내용으로 처음부터 끝까지 이어서 발표를 했는가?

발표 대본 버리기

프레젠테이션 관련 강의를 하면 늘 나오는 단골 질문 중 하나가 '대본 내용을 잊지 않는 방법이 있나요?'이다.

위 순서에 맞게 여러 번 반복 연습을 한 결과 자다가도 툭 치면 자동으로 첫 문장이 나오는 수준에 이르렀다면, 이제는 반대로 대본에서 벗어나야 한다. 아니, 애지중지 작성하고 틈틈이 수정도 하고 밑줄을 그으며 머리가 터질 듯이 외운 대본을 이제는 놓아주라니? 이게 대체 무슨 소리지?라고 생각하는 분들도 있을 것이다.

실전 리허설 단계까지 지나왔다면 이제 여러분은 대본 내용을 모두 소화할 수 있는 경지에 도달했다. 연습을 거듭하는 데도 불안한 이유 중 하나는 의외로 대본이 범인으로 지목되는 경우가 있다. 충분히 홀로서기가 가능한데 '더 완벽해지고 싶다'는 욕심 때문에 대본에 의지하게 되면 발표의 자립심을 잃기 쉽다. 마치 자전거를 배우는 아이가 보조 바퀴에 너무 많이 의지하면 보조 바퀴 없이 자전거를 타는 데 시간이 더 오래 걸리는 것처럼 말이다.

실전 리허설을 어느 정도 반복하여 진행했다면 이제 대본은 시야에서 멀리 치워버리자. 진짜 발표 무대에서는 대본에 적혀있지 않은 현장의 수많은 상황이 실시간으로 펼쳐진다. 그 상황의 답은 대본에 적혀있지 않다. 연습을 철저히 한 만큼 현장에서의 질문은 현장에서 답을 찾도록 훈련하는 것이 필요하다.

3. 리허설 보조도구 이용하기

발표 리허설을 할 때 전통적인 방법을 고수하는 것도 좋지만 이용할 수 있는 도구나 기구가 있다면 적극적으로 이용하는 것도 하나의 팁이다. 혼자 연습할 때 보이지 않았던 점들도 쉽게 발견할 수 있고, 대본을 빠르고 정확하게 외우는 데 도움이 되기도 한다. 적극적으로 이용해서 나의 리허설 수준을 한 단계 높여보자.

녹화 및 녹음해 보기

혼자서 발표 리허설을 진행하다 보면 객관적으로 나의 발표 문제점을 찾아내기 어려울 때가 있다. 내가 생각하기에 이쯤 하면 완벽한 것 같기도 하고, 반복되는 연습이 차츰 지겹다고 느껴질 때쯤 녹음기나 카메라를 꺼내면 된다.

 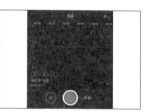

녹음기(출처: 구글 이미지)　　　　녹음 어플(출처: 구글 이미지)

요즘은 녹음기나 스마트폰 내의 녹음 앱어플 및 카메라 등이 보편화되어 있어 더욱더 쉽게 자신의 발표를 객관적으로 점검해볼 수 있다. 녹음이나 녹화 과정을 통해 자신의 발표를 처음 본 사람들은 대부분 깜짝 놀라곤 한다.

'내가 지금까지 이렇게 발표해왔단 말이야?!'

나의 예상보다 훨씬 더 보완할 점이 많다는 것을 깨닫게 될 것이다. 평소 나의 언어 및 비언어적 습관이 발표에 그대로 묻어나기 때문이다. 습관적으로 짝다리를 짚는 사람, 팔짱을 끼는 사람, 손의 위치가 어정쩡한 사람, 생각할 때 눈을 위로 치켜뜨는 사람 등. 나도 몰랐던 습관을 찾아 하나씩 고쳐나가다 보면 훨씬 세련된 발표를 할 수 있다.

스톱워치 활용하기

경쟁입찰 발표의 경우 여느 발표보다 시간 관리가 중요하다. 발표 시간이 얼마나 남았는지 알려주는 시스템이 존재한다면 다행이지만 아닌 경우도 꽤 많다. 주어진 시간보다 발표가 길어지면 대부분 평가에 불이익이 있다. 그러므로 발표 시간을 조절하는 연습이 필수적으로 필요한데 그때 필요한 것이 스톱워치(바늘을 마음대로 작동시키며, 시간의 기록을 초(秒) 이하까지 잴 수 있게 만든 특수시계)이다.

리허설을 할 때 스톱워치로 발표물의 시간을 반드시 재보도록 한다. 처음에는 한 목차가 지나갈 때마다 세세하게 시간을 재보며 예상보다 시간이 오래 걸리는 장표는 없

(출처: 픽사베이)

는지, 강조점을 주기에 시간이 부족한 장표는 없는지 확인한다.

리허설을 하면서도 장표는 수시로 수정될 수 있다. 이 과정이 숙달되면 리허설이 끝날 때마다 발표에 걸린 총 시간을 기록하고 정해진 시간 안에 여유 있게 마무리가 되는지까지 확인하면 된다.

4. 연습만이 살길

여기까지 단계별 리허설을 진행했다면 이제는 연습만이 살 길이다. 위 순서대로 리허설을 진행하는 것이 무조건 정답은 아닐 수 있다. 자신에게 더 잘 맞는 리허설 연습 방법을 발견했다면 그것이 본인에게 정답일 것이다.

다만 변하지 않는 진리는 대충, 편한 대로, 적당히 연습해서는 결코 만족스러운 경쟁입찰 프레젠테이션 발표를 할 수 없다는 것이다. 뼈를 깎는 노력 없이 결과를 얻으려는 마음은 도둑 심보라는 것을 명심 또 명심하길 바란다. 제대로 된 리허설 방법으로 연습량을 채운 사람만이 경쟁입찰 프레젠테이션이라는 산을 넘을 수 있다.

마지막으로, 이제 리허설까지 마쳤다면 자신을 온전히 믿어 주자. 수없이 많은 리허설과 연습을 마친 상태라면 이 세상에서 해당 발표를 가장 잘 소화해낼 수 있는 사람은 나 밖에 없다.

완벽하게 발표를 끝낸 무대 위의 내 모습을 생생하게 상상해 본다. 특히 발표 전날은 무리해서 리허설을 하기보다 컨디션 조절을 위해 평소보다 일찍 잠자리에 들도록 노력하는 것이 좋다.

진정한 프로는 무대 위의 결과로 말을 하는 법!

발표 준비의 마지막 단계인 리허설을 통해 자신감을 탑재해 모두가 멋진 경쟁입찰 프레젠테이션을 하길 기원한다.

Working on the backstage so you can shine
brightly.

박혜경 Aimee Bak

큐라 대표
한영 통역사 & 한국통번역학회(KATI) 이사
무역협회 한영 통번역 전문위원
TBS eFM 생방송 영어 뉴스 기자
한국외국어대학교 통번역대학원 한영 통번역 석사 졸업

경쟁입찰 프레젠테이션의

마지막 승부수, 질의응답

1. 경쟁입찰 PT의 반은 질의응답이다

2020년 2월 9일. 한국에서 첫 코로나 19 바이러스 확진자가 발생했다. 확진자 수가 늘어나면서 사람들은 미세먼지 없는 날에도 마스크를 쓰고 다니기 시작했다. 얼마나 오래 이 상황이 지속될 것인지 아무도 모르는 어수선한 분위기 속에서 잠시 현실을 잊고, 가슴을 두근거리게 했던 사건이 일어났다.

바로 매우 '로컬'한 미국의 제92회 아카데미 시상식에서 한국의 영화, 봉준호 감독의 '기생충'이 작품상, 감독상, 각본상, 국제영화상을 석권하며 4관왕을 한 것이다. 한국 영화 첫 오스카상이란 점에서도 의미가 있지만 최초로 비영어권 영화가 작품상을 받았기에 더 의미가 깊었다.

그토록 완성도도 높고 재미도 놓치지 않은 영화이니, '기생충'은 발표하자마자 그 앞에 레드카펫이 펼쳐졌을까? 그렇지 않았다. 세계인의 사랑을 받기까지 훌륭한 작품만으로는 부족했다.

아카데미 후보에 오른 영화들은 시상식 발표에 앞서 기나긴 오스카 캠페인에 오른다. 기생충의 경우에도 만만치 않은 후보 작품과 각축전을 벌

였는데, 오스카 캠페인 기간 동안 인터뷰를 600회 이상, 관객과의 대화는 100회 이상 했다고 한다. 일방적으로 영화를 전달하는 화면에서 나와 관객과 직접 호흡하며 설득의 과정을 거치는 것이다.

경쟁입찰 질의응답이 궁금해서 이 장을 펼쳤는데 왜 봉준호 감독의 '기생충'으로 시작을 했을까? 사실 경쟁입찰도 마찬가지다. 내 눈에는 분명 완벽한, 회사 담당자들이 최선을 다해 준비한 작품(우리 회사의 제안)이지만 관객(심사위원)에게 일방적으로 보여주는(프레젠테이션) 것만으로는 부족하다.

모든 경쟁 업체들에게 주어진 RFP(제안요청서)는 동일하다. 따라서 어쩌면 내가 준비한 제안은 큰 맥락에서 다른 경쟁 업체와 차이가 없는 것처럼 보일 수 있다.

예를 들어보자. 공연 입찰에서 우리 회사도, 경쟁 업체도 같은 공간에 스피커를 4개 설치하겠다고 제안했다고 하자. 적어도 제삼자인 심사위원 기준에서는 두 제안이 차이가 없어 보일 것이다.

하지만 질의응답에서 경쟁 업체는 스피커를 4개 설치한 이유가 공간이 넓어서 최대한 많은 스피커를 설치해 어느 곳에서든지 공연 소리를 잘 듣게 하려고 그렇게 설치했다고 대답했고, 반면 우리는 넓은 공간에서 시민들이 입체적으로 사운드를 느낄 수 있게 하려고 최적의 위치에 4개를 배치한 것이라고 답했다면 차별화되지 않았던 제안에 우리 업체만의 색을 입힐 수 있게 된다.

영화관에서 기생충 영화를 보고 나오면서 기가 막힌 사회 풍자 영화라고 생각하며 감탄할 수 있다. 하지만 이내 곧 다른 훌륭한 영화에 묻혀 잊힐 것이다. 하지만 영화를 감상하고 난 후에 감독의 인터뷰나 관객과의 대화까지 참여하고 나온 사람이라면 어떨까?

'아, 박 사장 집은 왠지 말할 때 소리가 천장이 높은 미술관처럼 좀 울리고, 기택의 집은 말하는 소리가 갑갑하게 느껴졌는데 그것도 의도한 것이었구나!'

'배우와 감독이 무더운 날 아역 배우를 보호하기 위해서 이렇게까지 배려했구나!'

아마 봉준호 감독의 매력이나 영화 장면 속 숨겨진 의도에 매료되어 영화를 한 번 더 곱씹어 보게 될 것이다.

질의응답도 마찬가지이다. 프레젠테이션을 마치고 이어지는 질의응답은 나의 제안을 차별화할 수 있는 마지막 기회이다. 따라서 질의응답을 대할 때 적당히 '버티자'가 아니라 발표만큼 중요한 기회로 보고 준비해야 한다.

2. 준비하는 만큼 당당하다

질의응답을 대하는 마음가짐

질의응답이 중요하다는 것은 이제 공감이 간다. 하지만 솔직히 심사위원이 많이 안 물어봤으면 하는 마음이 들 수 있다. 내가 준비한 것을 일방적으로 전달하는 발표와 달리 질의응답은 백지 상태에서 어떤 질문을 받을지 모르기 때문에 더 긴장되는 건 당연하다.

질의응답에 대한 나의 관점을 바꿔보자.

최인철 작가의 〈프레임〉에는 이러한 표현이 있다.

'"기도 중에 담배 피워도 되나요?"와 "담배를 피우는 중에는 기도하면 안 되나요?"라는 두 질문을 들었을 때, 랍비는 어떤 질문에 긍정적인 답을 했을까? 바로 후자다.'

마찬가지로 질의응답을 어떻게 프레임화하느냐에 따라 마음가짐이 달라진다. 질의응답을 심사위원의 공격에 내가 방어하는 것이라고 생각한다면 당연히 위축되고 긴장될 것이다.

심사위원은 왜 질문을 하는 것일까?

스타트업이 여러 해외 투자자 앞에서 IR 발표하는 데모데이를 통역한 적이 있다. 어떤 스타트업에는 투자자가 질문을 한두 개 던지고 마는가 하면, 어떤 스타트업에는 꼬리에 꼬리를 물고 질문이 이어졌다. 답을 하는 담당자가 안쓰러워 보일 정도였다.

후에 심사를 맡았던 한 투자자가 이렇게 말했다. 질문이 없으면 관심이 없는 것이라고. 다른 미팅에서 만난 한 한국 투자자도 정말 투자하고 싶은 스타트업에는 돈이 걸려 있기 때문에 질문을 더 집요하게 한다고 했다. 마치 우리가 재미로 신상 스마트폰 출시 영상을 볼 때는 가볍게 흘려보다가 실제로 폰을 바꿀까 말까 고민할 때에는 꼼꼼히 따지는 것처럼 말이다.

질의응답을 앞두고 꼭 기억하자. 질문은 공격이 아니라 고객사와 업체가 최적의 것을 얻기 위해 함께 소통하는 것이다. 이것을 스스로 상기하며 떨리는 질의응답에 접근하자.

3. 실전처럼 준비하는 질의응답

예상질문 정리하기

질의응답을 준비하는 과정이 발표 제안 내용을 숙지하는 것만으로 충분할까? 그렇지 않다. 연 70건 이상, 누적 수주 1,100억이 넘는 전문 프리젠터도 완벽한 프레젠테이션을 위해 제안 내용에 기반을 둔 예상질문뿐 아니라 돌발 질문까지도 놓치지 않고 완벽한 준비를 한다고 한다. 수능을 앞두고 모의고사를 여러 차례 보듯, 취업을 앞두고 모의 면접을 연습하듯 입찰 발표도 예상질문과 답안을 작성하고 숙지하자.

그러면 예상질문을 어떻게 정리하면 좋을까?

먼저 이번 입찰 공고를 낸 클라이언트가 무엇을 중요하게 생각하는지를 고민해야 한다. 이것은 사전 설명회나 제안요청서를 참고하면 어느 정도 파악할 수 있다.

〈표1〉

이해를 돕기 위해 실제 제안요청서(표1)를 한 번 살펴보자.

다음은 환경부가 「2022년 환경부 정책 홍보 이미지 콘텐츠 제작」 입찰 공고에서 공유한 제안요청서이다. 먼저 제안요청서의 목록을 보면 제안요청 내역과 제안서 평가 방법이 있다. 프레젠테이션을 기획하며 제안요청서의 모든 부분을 꼼꼼하게 숙지했겠지만 예상질문을 준비할 때에는 특히 이 두 부분을 다시 살펴보도록 하자.

다음은 <표2>를 통해 제안서 평가 방법을 보자. 입찰가격 평가 20점 외에 가장 많은 배점이 할당된 항목은 무엇인가?

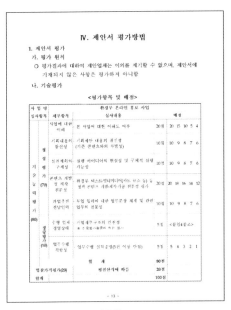

〈표2〉

사업에 대한 이해와 콘텐츠 개발 및 제작 전문성이다. 다시 말해, 이 두 항목이 고객사인 환경부가 가장 중요하게 생각하는 점이라는 것이다. 그렇다면 중요한 만큼 이 부분과 관련한 예상질문이 나올 확률이 매우 높을 것이다. 답변을 통해 우리가 사업에 대한 이해도가 높다는 것과 제작 전문성이 우수하다는 것을 다시 한번 보여줄 수 있어야 한다.

그런데 여기서 사업에 대한 이해라고 하면 참 두리뭉실하다. 어떻게 좁혀나갈 수 있을까?

일단 제안요청 내역을 읽어 내려가며 키워드에 표시해 본다. 예를 들어 〈표3〉의 과업 목적을 보고 '맞춤형 홍보 콘텐츠'란 키워드가 눈에 띄

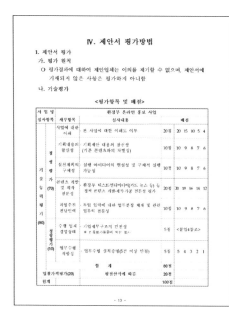

〈표3〉

였다고 해보자. 이미 발표한 제안 내용에 SNS 채널별로 어떤 이미지 콘텐츠를 홍보할 것이라는 내용이 담겼을 것이다.

예상질문에서는 그것이 적절한 제안인가를 물을 수 있다. 관련 질문이 나왔을 때 답할 수 있도록 각 SNS 채널별 특성(주 타겟, 주로 소비되는 콘텐츠, 도달률 등)을 간단하게 정리해놓고, 그 특성을 고려해서 콘텐츠를 적절하게 구성했다는 것을 어필하는 것이 좋겠다.

4. 심사위원도 변수다

질의응답을 준비할 때 고려해야 할 것이 또 있다. 심사위원이 누구인가이다.

단체급식 입찰이라고 가정해 보자. 심사위원이 급식 서비스를 직접 사용하게 될 직원인지, 최종 의사결정자인 대표님인지 확인을 해야 한다. 만약 직원들이라면 메뉴 구성이, 대표님이라면 총예산이, 급식업체와 조율하며 운영을 해야 하는 회사 담당자라면 운영의 편의성 등을 중요하게 생각할 것이다. 이렇듯 같은 제안이라도 심사위원에 따라 예상질문에서 방점을 두어야 할 것이 달라질 수 있다.

정부 조달청 입찰 프레젠테이션이라면 심사위원이 전문가, 교수님인 경우가 많다. 해당 사업의 전문가가 아니라서 기본적인 것을 이해하기 위해 질문을 할 수도 있다.

5. 예상질문 숙지하기

예상질문 리스트가 완성되었다면 숙지해야 한다. 회사의 대표로 제안하는 자리에서 질문을 받고 예상 질문지를 주섬주섬 꺼내서 답변을 찾아 읽는다면 신뢰도가 떨어지기 때문이다.

예상질문과 답변을 숙지할 때는 문자 그대로 외우는 것보다는 키워드 위주로 숙지하는 것이 도움이 된다. 문자 그대로 외우게 되면 토씨가 하나라도 틀렸을 때 뒷 문장이 생각나지 않고 머리가 하얘질 수 있다. 키워드 위주로 내용을 숙지하는 것이 긴장된 상황에서 말을 자연스럽게 이어가는데 도움이 된다.

또한, 예상질문에 따라서 도표 등을 보여줘야 한다면 답변용 자료를 준비한다. 보통 발표 시간이 한정되어 있어서 처음 준비한 PPT에서 장표를 줄여나가는 경우가 많다. 이때 이 장표를 지워버리지 말고, 답변용 자료에 함께 모아 놓으면 관련해서 질문이 나왔을 때 답변하며 보여줄 수 있다.

예상질문 정리하는 과정은 전문 프리젠터로 발표 대행을 할 때도 도움이 된다. 종종 영어 전문 프리젠터로 업체의 영어 발표를 대행할 때가 있다. 기획 단계부터 함께 참여할 수도 있지만, 입찰을 며칠 앞두고 연락이 올 때가 태반이다.

이렇게 기획 단계부터 함께 하지 않고 발표만 덜컥 맡았다면 예상질문 정리하듯 제안요청서와 업체에서 받은 프레젠테이션 원고와 장표를 읽어 내려가며 궁금한 것을 적어본다. 그리고 업체에 이 질문에 대한 답을 준비해달라고 요청한다. 덧붙여 다른 입찰 경험을 통해 자주 받은 질문이 있다면 그것도 추가로 답변과 함께 정리해서 달라고 요청한다. 이 과정을 통해서 비록 이 업체의 직원은 아니지만, 업체의 제안을 최대한 완벽하게 이해할 수 있도록 준비할 수 있다.

6. 심사위원을 사로잡는 실전 질의응답

답변하기 전에 질문을 이해하자

질문을 받으면 먼저 "좋은 질문 감사합니다"라고 질문자를 칭찬하자. 분위기를 부드럽게 하고자 하는 의도도 있지만 답변하는 사람이 여유 있어 보이고 다음에 무슨 말을 할지 생각할 시간을 벌 수 있다.

당연한 것 같지만 답을 하기 전에 먼저 질문을 이해해야 한다. 질문을 명확하게 이해했다면 이어서 답을 해도 좋다. 대답은 간결하게 해야 한다. 아나운서가 방송 트레이닝을 받을 때도 애드립을 할 때는 단문 위주로 무조건 간결하게 말을 엮어가라고 교육받는다.

그런데 질문이 명확하지 않은 경우도 종종 있다. 전문가 평가위원일수록 여러 이야기를 장황하게 하다 급하게 질문으로 마무리하는 경우가 종종 있다.

과연 심사위원이 궁금해하는 것은 무얼까? 질문의 핵심은 무엇인가? 답변하기 전에 머릿속에 정리를 하고 답을 해야 횡설수설하지 않고 삼천포로 빠지지 않는다.

질문을 열심히 경청했는데 요지를 모르겠다면 어떡해야 할까? 내리 짐작하는 것보다는 질문자에게 다시 묻는 것이 좋다.

예를 들어, 최근 ESS 관련 화재 사건을 장황하게 늘어놓더니 갑자기 '이 부분'에 대해서 업체는 어떤 준비를 하였는지 질문을 받았다고 하자. 질문이 광범위하거나 모호할 때는 질문을 스코핑(scoping), 즉 범위를 정해주는 것이 좋다.

"'이 부분'이라고 하시면 ESS의 열폭주 현상에 어떻게 대응할 것인지 궁금하신 건가요?"

"최근 화재 원인을 파악했는지 여쭤보시는 걸까요?"

질문의 범위가 명확해지면 답하기도 한결 수월해진다.

위기에서 살아남기, 준비가 반이다

심사위원은 일반적인 질문뿐 아니라 민감한 질문을 할 수도 있다. 따라서 예상질문을 준비할 때 일반적인 질문과 민감한 질문 등 모두 정리해서 준비해야 한다.

어디서부터 시작해야 할지 막막하다면 SWOT를 바탕으로 우리 업체의 약점, 경쟁 업체의 강점, 외부환경의 위협 등을 생각해 보자.

예를 들어, 우리는 다른 경쟁 업체보다 후발 주자일 수도 있고, 다른 경쟁 업체는 작년에도 동일 사업을 수행한 경험이 있을 수도 있다. 이런 민감한 질문을 받았을 때, 어떻게 답을 하면 좋을지 생각하고 정리해 보자.

또, 현재 준비하는 입찰과 관련하여 업계 주요 이슈는 없는지 확인하는 것도 도움이 된다. 예를 들어, ESS를 납품해야 하는 경쟁입찰 프레젠테이션이라고 가정하자. 최근 ESS 관련 화재 문제가 뉴스를 떠들썩하게 했다면 질의응답에서도 화재 위험과 관련한 질문이 나올 수 있어서 미리 답을 준비해야 한다.

또한, 예상질문을 뽑을 때, 한 명이 생각해낸 것으로 만족하지 말자. 민감한 질문을 준비하기 위해서 제안의 구멍을 발견할 수 있어야 하는데 몇 날 며칠을 이 제안만 생각한 담당자는 잘 보이지 않을 수 있다. 이왕이면 다른 부서 담당자에게 제안을 들려주고 궁금한 점, 약점, 의심이 가는 점은 없는지 물어보자.

답을 모르는 질문이 아니라 잘못된 부분을 지적하는 질문이 나올 때가 있다. 이때에도 심사위원과 싸우는 것은 옳지 않다. 경쟁입찰은 토론의 장이 아니다. 이런 상황에는 "이 부분은 미처 생각하지 못했는데 보완하여 제안하겠습니다"라고 답변하자.

답을 모르는 질문을 받았을 때는 어떡해야 할까?

업체의 열정을 묻는 질문이 아니라면 답변을 엉터리로 지어내지 말자. 회사를 대표하며 답을 하는 자리이기 때문에 그 답에 회사가 책임져야 하는 상황이 벌어질 수 있다.

따라서 답을 모르거나 미처 답이 충분히 이루어지지 않았을 때는 "담당자에게 상세히 준비하여 이메일을 보내드리겠습니다" 또는 "담당자에게 확인하여 이메일을 보내드리겠습니다"라고 답을 하고 이른 시일 내에

답을 정리해 보내도록 하자. 물론 이때 발표한 사람 또는 함께 배석한 직원이 어떤 질문이었는지 꼭 메모해놓아야 한다.

경쟁 업체 간의 발표는 흑백 사진과 같다. 경쟁입찰 발표가 서로 미묘하게 다른 흑백 사진을 제안하는 것이라면, 질의응답은 관객(심사위원)과 문답 즉 설득의 과정을 통해 심사위원 머릿속 흑백 사진에 우리 회사만의 색을 입히는 것이다. 그래서 질의응답이 중요하다.

예상질문은 일반적인 질문뿐 아니라 민감하거나 적대적인 질문까지도 아울러서 준비하도록 하자. 철저하게 준비해야 현장에서 당황하지 않고 여유 있게 답을 할 수 있다. 또 불필요한 질문을 줄이기 위해 제안을 발표할 때부터 이해하기 쉽게 정리해서 발표하는 것도 요령이다.

마지막으로, 질의응답이 끝났다고 손을 털지 말고 바둑기사들이 경기를 마치고 복기하듯 질의응답에서 아쉬웠던 것은 없었는지 정리해 보자. 이것이 또 다른 경쟁입찰 준비의 자산이 될 것이다.

뜻이 있는 곳에 길이 있다. 꿈을 이루어가는 아나전터 김효주입니다.

김효주

MBC 강원영동, 안동 MBC 공채 아나운서
신한은행 전문프리젠터(2조 원 수주)
전시, MICE, 홍보, F&B 전문PT(수주율 80%)
중앙대, 숙명여대 스피치 특강
유튜브 '스피치 톡톡' 운영

경쟁입찰의 3요소
모든 입찰의 처음과 끝
입찰 영업 화법론

1. 경쟁입찰의 3요소

경쟁입찰의 세계에서 당락을 좌우하는 평가항목들은 크게 정량적 평가와 정성적 평가항목으로 나눌 수 있다.

정량적 평가는 그 회사의 신인도나 업력, 제출한 입찰 가격 등으로 매겨져 입찰 당시 바로 바꿀 수 없는 상수의 항목이다. 반면에 정성적 평가는 제안서에 담기는 제안의 내용으로 입찰에 들어갈 때마다 얼마나 특화된 내용, 새로운 내용, 경쟁력 있는 내용을 담았느냐에 따라 당락을 좌우시키는 평가항목이다.

또한 평가 비중도 보통 정량적 평가 30%, 정성적 평가 70% 수준으로 정성적 평가의 비중이 몇 배 이상 크다. 그만큼 정성적 요소는 경쟁입찰의 당락을 좌우하는 핵심인 것이다. 여기서 입찰 영업의 중요성이 드러나는데, 정성적 평가의 지분 중 적어도 3분의 1은 입찰 영업이 맡고 있기 때문이다.

잘 짜여진 정성 전략에는 세 가지가 포함되어야 한다. 하나는 제안 그 자체인 제안서가 잘 만들어져야 하고, 두 번째는 그 내용을 잘 전달할 프레젠테이션이 받쳐줘야 하며, 마지막으로 모든 입찰의 처음과 마지막에 위치한 영업이 제 역할을 해줘야 이기는 게임을 할 수 있다.

입찰에서 영업이 중요한 첫 번째 이유는 제안서가 가야 할 방향을 알려 주기 때문이다. 수주 성공이라는 목표를 위해 망망대해로 항해를 떠날 때 두 손에 지도를 쥐어주는 역할을 하는 것이 바로 입찰 영업이므로, 경쟁입찰에서는 무엇보다 선제되어야 한다.

입찰 영업을 통해 발주처의 숨은 니즈는 없는지를 파악하고, 발주처에 자사의 매력을 최대한 어필하며, 심지어 발주가 공고되기 전에 입찰의 목적을 명시하는 제안요청서(RFP)를 자신의 회사에 유리한 방향으로 이끌 수도 있다. 이처럼 입찰 영업은 경쟁입찰에서 당락의 키를 쥐고 있는 숨은 변수라고 할 수 있을 것이다.

흔히 경쟁입찰을 전쟁터에 비유하곤 한다. 전술 설계와 무기 생산이라 할 수 있는 입찰 제안서, 실제 전쟁터의 전면에 나서 싸우는 장수인 프리젠터, 정찰대 또는 외교관 역할을 하는 입찰 영업까지, 실제 전투에서 전술, 무기, 정찰, 외교, 장수 중 어느 하나라도 구멍이 있다면 전쟁에서 이길 수 없듯이 경쟁입찰 또한 제안서, 프리젠터, 영업의 3요소가 제 역할을 잘 해줘야 전쟁 같은 경쟁입찰 현장에서 수주라는 승리의 깃발을 꽂을 수 있는 것이다.

훌륭한 장수는 전투의 기술만 능한 것이 아니다. 전투의 D-day 전에 정탐과 이간, 교란을 통해 승리할 요소를 충분히 만들어 두고, 이미 절반 정도 승리한 전투에 최선을 다해 임하는 것이다.

이 글에서는 경쟁입찰의 처음과 끝에 있는 입찰 영업의 중요성과 목적, 입찰 영업의 구체적인 방법에 대해 이야기해 보고자 한다.

2. 성공적인 영업 없이 성공적인 프레젠테이션은 없다

한때 '1등만 기억하는 더러운 세상!'이라는 유행어가 인기를 끌었던 적이 있다. 이 말이 가장 잘 어울리는 곳이 아마도 경쟁입찰 세계가 아닐까 싶다. 올림픽에서는 혹여 금메달을 못 따더라도 은메달, 동메달이라는 가치가 기다리고 있지만 경쟁입찰은 2개 회사가 입찰하든 20개의 회사가 입찰하든, 단 하나의 승리자만이 있을 뿐이다. 입찰에서 단 하나의 승리자가 되지 못하면 이를 위해 투입했던 시간과 노력, 비용은 모두 물거품이 된다.

그렇다면 승리자가 되기 위해서는 무엇이 필요할까? 보통은 훌륭한 제안서, 그리고 멋진 프레젠테이션, 이 두 가지가 핵심이라고 생각한다. 그러나 가장 훌륭한 제안서와 전달력 있는 프레젠테이션을 통해서 청중을 사로잡는 발표를 하고, 현장의 모두가 1등을 예상하는 상황임에도 보란

듯이 실패하는 일들이 비일비재하다.

이러한 실패를 겪으면 좌절감에 빠지게 된다. 제안서와 발표를 준비하기 위해 들였던 노력과 비용을 생각하면 속이 쓰리지만 더더욱 쓰라린 것은 떨어진 이유를 알 수 없다는 것이다. 이때 생각해야 하는 것이 서두에서도 밝혔듯 바로 보이지 않는 전쟁인 '영업'에 대한 문제다.

흔히 경쟁입찰은 발주사의 입찰 요청서가 나오면 그 요청서를 분석하고 니즈에 최대한 부합하는 제안서를 작성하고, 입찰 프레젠테이션을 하는 것이라고 생각하기 쉽다. 그러나 입찰 요청서에 담긴 내용은 빙산의 일각에 불과하다. 입찰 영업은 수면 아래에 있는 진짜 빙산의 모습이 무엇인지를 파악하는 정찰 임무라고 할 수 있다.

대략적이더라도 어떤 길로 가야 좋을지를 알 수 있는 지도를 들고 항해를 떠나는 것과 아무것도 없이 망망대해로 떠나는 항해는 결과면에서 엄청난 차이가 있다. 누가 최후까지 살아남아 종착지에 먼저 도착할 수 있을까. 말도 안 되는 운이 좌우하지 않는 이상 당연히 대강이라도 어디로 가야 할지를 알려주는 지도를 들고 있는 쪽이 훨씬 유리할 것이다. 꼼꼼한 정찰을 통해 정확한 지도를 그릴 수 있다면 성공 확률은 더더욱 높아진다. 입찰 영업의 역할은 바로 그런 것이다.

그렇다면 좀 더 구체적으로, 입찰 영업을 통해서 무엇을 얻을 수 있을지 알아보자. 성공의 확률을 두 배로 올려주는 입찰 영업의 효과는 크게 다음의 세 가지가 있다.

첫째, 고객의 니즈가 어떤 것인지 정확히 파악할 수 있다.

고객의 니즈는 입찰 요청서에 다 나와 있을 것이라고 생각하기 쉽지만 실제로는 내용이 부실하거나 심지어 고객의 니즈가 무엇인지조차 제대로 설명하고 있지 못한 요청서가 의외로 많다.

입찰 요청서에 따라 완벽한 제안서와 프레젠테이션을 했는데도 보기 좋게 탈락했다면, 입찰 요청서만을 가지고 니즈를 파악하려고 했던 것이 문제일 가능성이 높다. 애초에 잘못된 표지판을 보고 길을 따라가면 아무리 열심히 운전을 한들 목적지가 아닌 엉뚱한 곳으로 가게 된다.

둘째, 중요한 비공식적 정보를 얻을 수 있다.

기업의 내부 사정에 관한 정보나 보안 때문에 공개적으로 밝힐 수 없는 사항일 수도 있고, 심지어 입찰 요청서에 쓰여 있는 내용이 회사의 실제와는 다른 경우도 있다. 예를 들어 어떤 기업은 의사결정권이 사장보다는 오히려 부사장에게 있을 수도 있으며, 이전에 우리와 같은 업계에 있는 다른 업체에 대한 안 좋은 경험으로 인해 나쁜 선입견이 있을 수도 있다. 입찰 요청서에 제시된 예산에 비해 실제로 회사의 가용 예산이 터무니 없이 적을 수도 있다.

그밖에도 공개적으로는 드러낼 수 없는 비공식적인 정보들이 얼마나 많은지를 안다면 왜 RFP에 담긴 내용이 빙산의 일각에 불과하다는 것인지 이해할 수 있을 것이다. 이러한 정보는 영업을 통해 캐내야 한다.

셋째, 우리에게 유리한 제안요청서를 이끌 수 있다.

발주사가 본 발주를 내기 전에 사전 용역 검토를 하는 경우가 있다. 어린이 박물관을 새로 리모델링하는 사업을 예로 들어보자. 발주 내용은 어린이 박물관 리모델링인데도 발주사가 일반 공공기관이라 어린이나 박물관에 대해 모두 잘 모를 수도 있다.

발주사가 발주 사업에 대한 전문적인 지식이 부족한 경우는 실제 현장에서 의외로 자주 있는 일이다. 이럴 때 발주사는 사전 연구 용역을 내기도 한다. 본 발주 전에 발주사가 원하는 방향을 명백히 하고 필요한 사항을 미리 파악하기 위해 전문적인 연구 용역을 사전에 진행시키는 것이다. 그리고 연구 용역의 내용을 발주의 과업지시에 담아 제안요청서를 띄운다.

이때 영업 담당자가 평소 관계를 잘 다져놓은 발주사가 있다면 이런 니즈를 미리 알고 찾아가 사전 연구 용역을 제안해 볼 수 있다. 보통 사전 연구 용역은 본 발주보다 경쟁률이 약한 경우가 많기 때문에 사전 연구 용역을 통해 우리 회사의 유리한 기술들을 모아 연구 용역에 싣는다면 본 발주 때 우리에게 유리하도록 방향을 이끌 수 있을 것이다.

3. B2C 영업과 B2B 입찰 영업의 차이

이제 일반적인 영업, 즉 B2C 영업과 B2B 입찰 영업의 차이를 알아보자.

마케팅에서 흔히 사용하는 이 용어는 기업과 기업 간을 B2B(Business-to-Business)로, 기업과 개인 고객을 B2C(Business-to-Customer)로 정의한다. 그리고 우리가 흔히 말하는 영업의 세계는 소비자와 직접 접촉을 하는 B2C 영업이 대부분이다.

B2C 영업은 개인이 직접 선택을 한다는 점 때문에 개인 간의 친밀도가 판매에 미치는 영향력이 크다. 차량 판매, 방문 판매, 보험 판매 등 대표적인 B2C 영업에서는 고객의 사적인 고민 상담까지 나누며 단순한 판매자-고객 간 비즈니스 관계를 넘어 인간적인 친밀감까지 깊어지는 경우가 많다. 이를 통해 1차적으로는 고객에게 상품이나 서비스를 판매하고, 더 나아가 단골 고객을 만들거나 기존 고객으로부터 주변의 지인들을 소개 받아서 새로운 고객을 확보하는 기회를 얻을 수도 있다.

반면 입찰 영업은 B2B 영업으로, 상대는 단순한 개인이 아니라 기업이라는 점에서 큰 차이가 발생한다. 입찰 담당자는 기업을 대표하므로 개인보다 신중하고 조심스러운 태도를 보이며 쉽게 속내를 드러내려 하지도 않을 것이다. B2C처럼 고객과의 사적인 친밀감으로 나아가기에는 한계가 있는 것이다.

하지만 아예 영업이 의미가 없다고 말하고 싶은 건 아니다. 입찰 담당자도 결국은 사람이다. 공식적인 부분이 조심스럽다면 비공식적인 부분에서 생각보다 많은 정보가 오갈 수도 있다. 입찰 영업도 결국 기본 베이스는 인간적인 친밀함이며 이를 위한 스몰토크는 필요한 것이다.

한편 입찰 영업은 B2C 영업처럼 당장 우리가 팔아야 할 물건을 팔기 위한 세일즈가 아니란 점을 명심하는게 중요하다. 입찰 영업은 B2B 영업으로 담당자와 인간적인 친밀함과 함께 반드시 전문성이 겸비되어야 한다.

입찰 영업의 주요한 목적 중 하나는 요청서에는 나와 있지 않은 비공식적 정보다. 이러한 정보는 주로 문서화하기 어렵고 공식화하기 어려운 내부 사정들로, 회사의 보안 사항인 것도 있고, 회사의 치부에 해당하는 내용일 수도 있다. 예산 문제일 수도 있고, 비논리적으로 얽혀있는 부서 간 세력다툼일 수도, 이전 업체가 잘못 만들어 놓은 프로세스 때문에 쌓이는 피로도일 수도 있다.

입찰 담당자는 왜 이런 것을 얘기해 주는 것일까? 단순히 푸념을 위한 사담인가? 아니다. 담당자가 이런 문제를 넌지시 던지는 것은 나를, 그리고 내가 대표하는 회사를 전문가로 신뢰하기 때문이다. 담당자는 자신들이 안고 있는 문제를 전문적인 제안으로 해결해 주길 바라면서 그 '문제'를 꺼내놓는 것이다. 물론 호형호제할 정도로 인간적으로 친해진 상태에서도 정보를 줄 수 있겠지만 그렇게 들은 정보의 깊이와 내용은 얕고 적을 수밖에 없다. 전문성을 진심으로 인정하지 않기 때문에 자신들의 고민을 깊이 있게 드러내지도 않는다. 그런데 그 깊은 고민에 제안의 핵심이 담겨있다.

고객이 나를 전문가로 인정하고 의존하게 해야 한다. 그래야 더 깊이 있는 정보를 주고 의논해 온다. 의논의 대상이 되었을 때 우리가 잘하고 우리의 장점인 것들로 발주처의 제안요청서를 유리하게 끌고 올 수 있다.

입찰 영업이라는 목적성은 가지고 있으면서도 사적인 친밀감과 전문가로서의 신뢰가 함께 있을 때 성공적인 영업을 할 수 있다.

여기서 한 가지 유의할 점은, 입찰 담당자와 좋은 관계를 형성하고 신뢰를 얻는다고 해서 그것이 입찰 결과 자체에 직접 영향을 미치는 것은 아니라는 사실이다. 입찰의 결과를 그 담당자가 결정하는 것은 아니기 때문이다.

경쟁입찰을 심사하는 심의위원들은 내부 직원들로 구성되는 경우도 있지만 대부분의 경우 외부 전문가를 수 명에서 10명 이상 섭외해 심의위원으로 앉힌다. 혹시 모르게 나올 공정성 시비를 최소화하기 위해서다. 그러므로 입찰 영업을 기존의 세일즈식 영업 기술로 접근하려 한다면 큰 오산이란 것을 알아야 한다. 평가는 담당자가 하는 것이 아니다. 누군지 알 수 없는 외부 전문 인사들이 하는 것이다.

그러나 담당자가 직접 입찰 심의에 참여하지 않는다고 해서 입찰 영업의 중요성이 반감되는 것은 절대 아니다. 심의위원이 아무런 자료나 정보도 없이 평가를 하지는 않기 때문이다. 입찰 제안서만 보고 평가하는 것도 아니다. 심의위원들은 회사 측으로부터 추가적인 자료를 받고 원하는 것이 무엇인지에 관한 자세한 설명도 듣게 되는데, 이는 입찰 담당자의 역할이다.

따라서 입찰 담당자는 직접 점수를 매기지는 않더라도 심의위원의 평가에 상당한 영향력을 발휘한다. 입찰 담당자가 직접 우리 제품을 추천하지는 못하더라도 우리에게 유리한 쪽으로 분위기는 충분히 조성할 수 있는 것이다.

또한 입찰 담당자를 통해 기존의 해당 사업에 어떤 문제가 있었는지, 발주처가 공고한 제안요청서의 이면에 있는 진짜 요구사항은 무엇인지, 공고한 예산이 아닌 실제 수용 가능한 예산 범위는 어디까지인지, 더 나아가 프레젠테이션 장소는 어디이고 크기는 얼마나 되는지, 제안서를 띄울 곳이 빔 프로젝터인지 모니터인지, 마이크를 쓰는지 아닌지와 같은 디테일까지도 이야기를 들을 수 있으며, 더 나아가 조심스러운 부분이지만 심의위원의 수와 개략적인 면면을 알 수 있다면 도움이 된다.

다만 입찰 담당자도 심의위원의 구체적인 인적사항이나 프로필은 잘 모르는 경우가 많다. 알더라도 공정성에 큰 위해가 가기 때문에 알려줄 수도 없는 노릇이다. 그럼에도 불구하고 아예 모르는 것보다는 어렴풋한 그림이라도 가지고 있는 편이 훨씬 유리하다. 제안서의 기획과 프레젠테이션은 훨씬 수월해질 것이다.

4. 성공적인 입찰 영업을 위한 사전 정지작업

이제 성공적인 입찰 영업을 위한 좀 더 구체적인 전략 전술로 들어가

보자. 입찰에서 영업은 모든 전술에서 가장 처음과 마지막에 있는 전술이다. 경쟁입찰 영업은 무조건 제안요청서(RFP)가 공고되기 전에 시작되어야 한다. 경쟁입찰 담당자들은 RFP가 뜨기 전과 후의 태도가 매우 달라진다. 공식적인 공고가 뜨기 전에는 담당자들은 상대적으로 유연한 모습을 보인다. 미리 적당한 친밀함을 쌓아놨다면 공고가 나기 직전까지 양질의 정보를 얻을 수 있다.

재무제표가 아니라 주차장의 크기를 보아라

한 구내식당 입찰 전문 영업 담당자는 고객 회사의 재무제표나 회사의 대외적 정량 지표를 보는 것이 아니라 주차장의 크기를 보고 그 회사에서 실제 근무하는 인원과 규모를 파악한다고 한다. 회사의 규모와 정량 지표만을 보면 자칫 지나치게 높은 견적이나 터무니없는 수량을 제안할 수 있기 때문이다.

해당 입찰은 회사에서 실제로 근무하고 있는 직원들에게 매일 급식을 제공하는 것이기 때문에 실제 매일 출근하는 직원의 수를 제대로 파악하는 게 무엇보다 중요하다. 예를 들어 대외적으로 명시된 직원은 1,000명이지만 출장이나 여타의 이유로 비상근하는 직원이 많아 실제 매일 출근하는 직원은 7~800명에 불과하다든가 하는 경우가 실제로 많다.

그래서 발주사의 입찰 담당 직원을 만나기 전 며칠 동안, 그 회사의 출근 시간에 직접 회사 주차장을 찾아가 주차되는 실제 차량의 대수를 확인한다는 것이다. 이를 통해 입찰 담당 직원을 만나러 가기 전에 적합한 제안의 규모를 정하고 전략을 미리 세울 수 있도록 한다.

물론 모든 직원들이 다 차를 몰고 출근을 하지는 않을 것이다. 하지만 이 담당자가 맡은 지역은 생산 공장들이 밀집된 지역으로, 대중교통이 거의 닿지 않아 통근 버스 혹은 자차로만 이동이 가능한 지역이었다. 따라서 매일 규칙적으로 운행되는 통근 버스의 인원을 파악하고 주차장의 주차 대수를 합산하면 실질적인 직원의 규모를 산출할 수 있었다. 주차장의 크기를 통해서 실제 근무하는 인원을 예측하고 실제 수요를 예측하면 고객이 필요로 하는 식사의 양과 규모를 적절하게 추산할 수 있는 것이다.

이렇듯 영업의 첫 번째 전략은 바로 '사전 조사'다.

사전에 고객에 대해서 알 수 있는 모든 것을 집요하게 조사하고 캐치해 내야 한다. 실제 우리 물건을 구매하는 팀, 구매를 결정하는 담당자에 대해서 아주 작은 정보라도 알 수 있다면 그것이 결과의 큰 차이를 만들어 낼 수 있다. 책상 머리에서 공개된 자료만 보고 판단하는 것은 대단히 안이한 생각이다. 그런 자료는 내 경쟁자들도 다 보고 있다. 남들이 다 보는 자료만으로 어떻게 경쟁자보다 우위에 있을 수 있을까.

'맨 땅에 헤딩'을 각오하라

경쟁입찰에서 구매 담당자와 만나서 충분히 이야기를 할 수 있는 기회를 얻기는 매우 어렵다. 대개는 입찰을 안내하는 공고문과 제안 요구사항이 전부다. 하지만 이런 경우라도, 적극적으로 고객을 알고자 한다면 문자 그대로 '맨 땅에 헤딩'이라도 하겠다는 각오가 필요하다.

사전에 이 고객사와 거래를 성사시켰던 회사가 있는지, 이 고객사가 지금 직원을 채용하고 있는지, 어떤 직무를 모집하고 있는지 등등, 지금 우리의 입찰과 전혀 상관이 없을 것 같은 정보라도 모두 고객을 이해하는 사전정보로 수집할 수 있다. 담당자를 만날 수 없다면 무작정 그 회사의 퇴근시간까지 앞에서 기다렸다가 근무하는 직원들이라도 만나서 잠깐이라도 회사의 현재 상황과 입찰공고를 올린 배경이나 니즈를 물어볼 수 있는 적극성이 필요하다.

5. 영업 화법, 어떻게 '말'할까?

스몰토크(Small talk) 50분, 본론은 마지막 10분

만약 1시간 정도 입찰 담당자와 대화를 할 수 있는 기회를 잡았다면 어떤 이야기를 해야 할까? 우리 제품의 특별한 점과 경쟁사와의 차별점을 담당자가 이해할 수 있도록 차분하게 또박또박 설명하는 것이 좋을까?

영업을 처음 시작한 사람들의 착각은 제품 소개를 유창하게 하는 것이 영업 실력이 좋은 것이라고 생각한다는 것이다. 사실은 그렇지 않다.

정말 영업을 잘 하는 사람들에게 1시간이 주어진다면 50분은 그 담당자와 개인적인 친밀함과 신뢰를 쌓는 데에 할애한다. 얼마나 그 담당자와 인간적으로 가까워지느냐가 영업의 성패를 결정한다는 것을 알고 있기 때문이다.

청산유수의 말솜씨로 제품을 소개한다고 해도 말하는 사람에 대한 신뢰가 없다면 잘 만든 TV 광고를 시청한 것과 다르지 않을 것이다.

담당자와 개인적으로 만날 수 있다는 것은 인간적인 신뢰를 쌓을 수 있는 절호의 기회다. 마음이 열리고 신뢰가 쌓인다면 영업의 성공 가능성이 훨씬 높아진다. 모든 영업에서 신뢰를 얻는 것은 중요하지만 특히 입찰 영업에서 신뢰는 중요하다. 단순히 물건을 파는 영업이 아니라 겉으로는 드러나지 않은 고객사의 니즈와 귀중한 정보를 얻는 것이 주요한 목적이기 때문이다.

그렇다면 어떻게 '신뢰 쌓기'를 시작해야 할까?

정해진 것은 없다. 상황과 상대방에 따라 너무나 다양한 접근 방법이 있다. 하지만 일반적으로 우리는 '스몰토크(Small talk)'를 활용해 볼 수 있다. 스몰토크란 처음으로 만난 사람과 어색한 분위기를 누그러뜨리기 위해 가벼운 주제로 나누는 대화를 뜻한다.

일반적인 정보로 시작한다

스몰토크의 주제는 단계가 있다. 첫째는 일반적 정보에 대한 이야기다. 누구나 알 수 있고 할 수 있는 일반적인 이야기다. 날씨 이야기나 오늘 뉴스의 하이라이트에 대한 이야기, 스포츠에 대한 이야기와 같은 것들이다. 상대와 가볍게 이야기하고 질문과 응답을 들어볼 수 있는 아주 가벼운 접근법이다.

일반적 정보를 이야기하는 이유는 대화의 시작점을 만들기 위해서다. 누구나 알고 있고 인정하는 주제로 시작하면 상대방은 쉽게 대답을 할 수 있으므로 어색한 분위기를 깨고 대화를 이끌어 낼 수 있다.

개인적 일반 정보로 한 걸음 더

둘째는 개인적 일반 정보다. 개인적인 이야기를 하되 아주 일반적인 정보를 이야기하는 것이다. 어느 정도 경계심이 풀리고 대화가 되고 있다고 생각된다면 이 단계로 넘어갈 수 있다.

"신발이 제가 평소에 좋아하는 스타일과 비슷하시네요. 원래 이런 스타일의 신발을 좋아하시나요?"처럼 개인적인 취향과 관심사를 나누기 위한 질문이다.

개인적인 일반 정보에 대한 대화를 하기 위해서는 짧은 시간 동안 상대에 대해서 캐치할 수 있는 관찰력이 필요하다. 그 사람의 헤어스타일, 말투, 옷차림, 몸짓, 표정 등 모든 것에서 관심과 취향을 추론해 내야 한다. 마치 영화 속 프로파일러처럼 빠르게 캐치해 내고 상대가 관심 있어 하는 대화의 주제를 발견해 내야만 한다. 처음에는 쉽지 않겠지만 경험이 쌓이면 누구를 만나든 길게 이야기를 이끌어내는 능력을 갖게 된다.

　이런 영업 화법이 훈련된 사람은, 아무 정보 없이 입찰 담당자라는 정보만 알고 갑자기 만나게 된 사람이라도 5분 정도의 가벼운 대화 후에는 상대방에 대해 개인적인 많은 정보를 캐치해 낼 수 있다. 담당자의 대략적인 나이, 좋아하는 스포츠, 평소에 운동을 하는지, 결혼을 했는지, 자녀가 있는지, 회사에서는 어떤 직급과 영향력을 갖고 있는지를 직접 물어보지 않아도 유추해 낼 수 있다. 이렇게 개인적인 일반 정보에 관한 대화를 주고 받을 수 있게 되었다면 더 친밀감을 형성하는 단계로 가보자.

상대의 사적인 정보를 원한다면 내 정보부터 풀어라

　세 번째 단계는 개인적인 사적인 정보를 나누는 단계다. 처음 만난 사람에게 개인적이고 아주 사적인 질문을 한다면 실례가 될 수 있다. 따라서 이 단계에서 꼭 필요하고 중요한 기술은 나의 사적인 이야기를 먼저 하는 것이다.

　예를 들어 식품회사 입찰을 위한 담당자와 대화를 한다면, 남편과 식성이 너무 달라서 걱정이라는 일상적 말투로 대화를 시작해 보자. 남편이 채식주의라든가, 아내가 밀가루 음식을 질색해서 식사 때마다 뭘 먹을지 고민이 된다거나, 아내와 함께 다이어트 중이라서 저탄수화물 식단을 먹고 있는데 회사에 오면 좋아하는 라면과 우동을 몰래 먹어서 살이 잘 안 빠진다는 등으로 나의 사적인 이야기를 먼저 꺼내는 것이다.

　사적인 주제로 대화를 하는 목적은 물론 친밀감 형성을 위한 것이다.

사람들은 개인적인 이야기를 할 때 마음이 가까워지는 것을 느낀다. 처음부터 비즈니스적인 얘기만 늘어놓는다면 상대방도 나를 철저하게 비즈니스로만 볼 것이고, 비공식적인 정보, 특히 회사 내부 사정에 관한 얘기는 꺼리게 될 것이다. 비즈니스 관계라고 해도 어느 정도의 친밀감을 만들어 줄 때 서로 경계심을 누그러뜨리고 좀 더 편한 마음으로 속내를 꺼낼 수 있을 것이다.

50분 동안 이 세 단계까지 올 수 있다면 나머지 10분은 우리 입찰에 대한 이야기와 상품에 대한 정보를 잘 요약해서 이야기하면 된다. 그리고 담당자가 우리 회사를 기억할 수 있도록 회사의 이름과 상품의 이름, 특장점을 기억하기 쉽도록 짧은 키워드 중심으로 설명한다.

입찰 담당자가 나에 대한 호감과 친밀감이 생겼다면 내가 설명하는 제품에 대해서도 같은 이미지를 갖게 된다. 주저리주저리 우리 상품의 상세 기능까지 설명하려고 할 필요가 없다. 오히려 그런 태도는 앞서 대화를 나눈 것들의 순수한 친밀감을 깨뜨릴 수가 있다. 담당자가 '이 사람이 물건을 팔려고 나에게 이런 식으로 접근했구나' 하고 생각하게 만들었다면 실패란 것이다. 상세한 설명은 제안서와 프레젠테이션 발표 당일에 들으면 된다. 더구나 입찰 여부를 결정하는 사람은 입찰 담당자가 아니라 심의위원이다.

영업의 핵심은 마음을 열고 친밀감을 얻는 것이다. 그리고 영업의 특성과 주된 목적을 잊지 않는 것이다.

10분을 10년으로 만드는 영업 화법

1시간 정도의 충분한 시간이 있다면 신뢰를 형성할 수 있는 여러 가지 기술들이 있지만, 대부분의 경우는 그보다 짧은 시간에 원하는 이야기를 해야할 때가 더 많다. 나에게 단 10분이 주어졌을 때 훌륭하게 내 상품을 소개할 수 있고 상대방에게 구매 의사를 충분히 끌어낼 수 있도록 설득할 수 있는 나만의 필살기를 준비하고 있어야 한다. 이것 역시 상품과 상대방에 따라 가변적으로 대응해야 할 때가 많지만 꼭 기억해야 할 대화의 원리들이 있다.

상대에게 이득이 되는 이야기를 먼저 하라

이야기를 꺼내는 순서가 중요하다. 제품의 작은 단점이나 비싼 가격에 대한 조건들을 먼저 이야기하면 그 내용이 훨씬 크게 머릿속에 자리 잡게 된다. 따라서 서두에는 반드시 고객에게 이득이 되는 장점을 먼저 이야기해야 한다. 고객이 이 제품을 사면 이익이란 생각이 들도록 설득해야 한다.

"저희 제안 내용으로 새로운 사업을 시작하시면 앞으로 부장님의 연말 성과가 20%씩 오르고, 회사 업무 효율성은 최소 5%씩 오를 겁니다. 이미 통계적으로 우리 제품을 사용하는 업체들이 다 경험하고 있습니다. 최근에 저희 제품을 구매한 회사는 구매 담당자가 인센티브를 추가로 10%, 2,000만 원 정도 올려 받았다고 합니다."

이렇게 상품을 구입하는 것만으로도 상대에게 바로 이득이 되는 점들을 가장 먼저 이야기하고, 이 내용이 대화가 끝나더라도 상대의 머릿속에 계속 남아 있도록 만들어야 한다. 가장 먼저 이득이 되는 점을 납득시켰다면 그 다음을 풀어가기는 매우 쉽다.

이익이 되는 점을 이야기할 때, 설득을 이끌어내기 좋은 이후의 방법으로는 상대를 칭찬하는 것이다.

"부장님은 상당히 스마트하시고, 신기술에 열려 계시고, 통찰력이 있으신 분 같습니다. 역시 입찰 담당을 맡게 되신 이유가 있으신 것 같습니다."

"부장님은 온화하시고 성품이 훌륭하신 분이어서 말씀드리기가 훨씬 마음 편합니다. 회사 내에서도 늘 존경받으시는 상사이실 것 같습니다."

이처럼 상대가 좋아할 수 있는 칭찬을 통해서 마음을 열고, 다음으로 이익에 대해서 이야기하면 상대가 내 이야기를 긍정적으로 받아들일 가능성이 훨씬 높아진다. 물론 칭찬이 지나치면 속이 뻔히 보이는 공치사로 들릴 것이므로 분위기를 보아 가면서 자연스럽게 칭찬하는 센스도 필요하다.

제품 구매의 이익이 되는 점과 칭찬을 같이 할 수도 있다.

"역시 부장님은 신기술에 밝으시고 논리적이시네요. 저희 제품의 자동화 신기술을 활용하시면 업무 효율성이 30% 이상 개선될 수 있다는 점을 이렇게 바로 이해하시네요. 다른 회사에서는 이것 저것 통계 자료를 보여드려야 이해하시는데 부장님은 바로 이해하셔서 솔직히 놀랐습니다.”

이렇게 칭찬과 이익을 함께 이야기 하면 상대의 생각을 내가 이야기하는 쪽으로 이끌어갈 가능성이 높아진다.

가격(Price)이 아니라 가치(Value)를 이야기하라

경쟁입찰에서 항상 평가의 기준이 되는 것은 ‘견적’, 즉 가격이다.

비슷한 기능의 제품이라면 더 적은 비용을 들여 구매하고 싶은 것이 경쟁입찰을 하는 회사의 목표이기도 하다. 여기서 팽팽한 삼파전의 줄다리기가 시작된다. 우리가 제시할 가격과 경쟁사가 제시할 가격, 그리고 구매하는 담당자와 회사의 예상 최대 구매 예산 사이에서 보이지 않는 심리전이 펼쳐지게 된다.

경쟁입찰 선정 조건으로 가장 낮은 가격을 제시하는 곳을 선택하겠다고 기준을 제시하는 회사도 있다. 그렇다면 무조건 낮은 가격으로 써내는 것이 유일한 전략일까?

앞서 이야기했지만 입찰 요청서를 비롯한 공개적인 정보는 빙산의 일각이다. 발주처는 낮은 가격으로 입찰을 받을수록 이익이 되지만 그렇다고 회사의 니즈를 충족시키지 못하는 제안을 가격만 보고 선택하지는 않는다. 게다가 평가 점수도 정성평가, 정량평가로 나누어져 있는 경우도 많다.

발주처가 외부로 이야기하는 것과는 다른 기준을 내부적으로 두고 있을 수도 있다. 이런 상황에서 우리 회사가 제시하는 가격에 대한 충분한 설득을 이끌어 내기 위한 전략은 우리 상품이 그만한 값어치를 한다는 것, 즉 '가치(Value)'를 설득하는 것이다.

10분의 대화 속에서 가장 단호하고 확신이 있어야 하는 타이밍은 바로 가격에 대한 '가치'를 설명하는 부분이다. 예를 들어 "저희 상품을 사용하시면 연간 최소 10억 이상의 비용 절감 효과가 있습니다. 왜냐하면 지금 매년 사용하시는 외주 비용을 모두 저희 제품의 자동화 기능으로 대체할 수 있기 때문입니다."

이렇게 고객이 절감하는 비용의 크기를 먼저 이야기함으로써 제품이 회사에 가져다줄 잠재 가치를 먼저 설득하는 것이다. 만약 10억 원을 매년 절감하게 된다면 제품의 가격이 5억일 때 그 가격을 지불하고 구매하더라도 1년 뒤에는 적어도 5억을 절감한 효과가 있다는 것이니 지금 구매할 가치가 충분히 있다고 판단할 수 있을 것이다.

또는 "저희 제품은 글로벌 성능 평가 인증을 받았습니다. 이 인증 마크가 붙은 제품을 이용하시면 지금 미국, 일본 글로벌 판로 타겟 범위를 지금보다 30% 확장하실 수 있으시고, 저희 인증이 붙은 제품을 사용하시면 시장에서 인지도가 평균 2.5배 상승합니다. 지금보다 글로벌 매출은 30% 이상, 시장 판매는 2배 이상 증가할 수 있다고 생각해보시면 좋겠습니다."

이와 같은 식으로 이야기한다면 담당자는 그 가치를 가늠해 볼 수 있을 것이다. 가치를 이야기할 때는 수치를 제시해서 상대가 그 가치를 경제적으로 환산하여 어림해 볼 수 있도록 하는 것이 좋다. 그리고 그 가치를 뒷받침할 수 있는 확실한 사례나 통계가 있다면 설득하기 훨씬 더 유리해진다.

경우에 따라서는 오히려 고가 전략이 승리를 가져다 주기도 한다. 고가의 견적을 제시하면 그만큼 무엇인가 가치와 성능을 갖고 있을 것이라는 호기심을 유발할 수 있다. 만약 가격보다 성능과 가치가 중요한 구매 결정요인이었다면 고가 전략이 성공적일 수 있다. 물론 그러자면 영업을 통해 발주처의 니즈가 어느 쪽에 비중을 두고 있는지 정확히 파악해야 하며, 가격에 따른 그만한 가치가 있다는 사실을 효과적으로 전달해야 한다.

예를 들어 대기업 구내식당에 샌드위치를 납품하는 입찰에서, 제안가격이 경쟁사보다 1.5배 비싸더라도 더 큰 가치를 내세워볼 수 있다.

"저희는 샌드위치에 들어가는 야채는 유기농 무농약으로 재배한 제품만을 사용합니다. 저희 회사 방침상 향후 ESG 인증을 받기 위해 유기농 재료만 납품받아 건강한 샌드위치만 고객사에 제공하기로 했습니다. 샌드위치 빵의 공급업체도 수입이 아닌 국산 업체이고, 원료 생산지가 국내인 곳으로 엄정히 선택하여 우리 농민, 그리고 우리 농산물 살리기의 사회적 가치를 실현하고 있습니다. 가격은 다소 높을 수 있지만, 저희 샌드위치를 선택하시면 저희와 함께 ESG를 실천하는 브랜드 가치를 알리실 수 있고, 전사 직원들에게도 그 가치를 실천하실 수 있습니다."

만약 비용보다 브랜드 가치를 중요하게 여기는 대기업이라면 오히려 그만한 가치를 가진 고가 상품을 구매할 수도 있다. 이렇게 가격을 이야기하기 전에 반드시 우리가 안겨줄 가치를 설득해야 한다.

감성을 터치하라

누구에게나 감정이 있다. 감성이 강한 사람이 있고 약한 사람이 있을 뿐, 내면에 감정을 갖고 있지 않은 사람은 없다. 구매를 결정하게 될 때 가장 강한 동기를 유발하는 것은 어쩌면 감성을 자극했을 때라고 해도 과언이 아닐 것이다.

실무자는 냉정하게 실익을 판단하여 구매 결정을 하겠지만 오너는 감성이 터치되는 쪽으로 선택하는 경향이 있다. 내가 결정권이 있고 결과를 책임진다면 실익과 함께 내 감성을 터치해 주고 마음에 공명하는 편을 선택할 것이다. 사람은 머리가 아닌 가슴이 이끄는 곳으로 걸어가기 때문이다.

그러면 어떻게 짧은 시간에 감성을 터치할 수 있을까? 공식처럼 정해진 말로는 불가능하다. 같은 이야기를 하더라도 상대의 마음을 뜨겁게 달굴 수도 있고 냉랭하고 허공에 도는 말이 될 수도 있다.

감성을 열어주는 언어를 사용할 준비를 해야 한다.

먼저, 듣는 사람의 마음을 터치하기 전에 먼저 내 마음부터 터치해야 한다. 내가 잘 짜여진 멘트와 익숙해진 말들로 유창하게 제품을 설명하고 있어도 내 마음이 냉랭하다면 절대로 상대의 감정을 터치할 수 없다. 우리 제품을 사용하는 고객의 미래를 내 마음 속에 충분히 그려 보고, 고객사가 우리 제품을 통해서 성장의 발판, 안전의 발판을 마련할 수 있을 것이라는 기대감이 내 안에 충만히 있는지 스스로를 먼저 돌아보아야 한다. 고객의 감성을 터치하고 싶다면 우리 제품에 대해서 내가 먼저 감동하고 감탄해야 한다.

그렇게 충분히 감정이 차올랐다면 내가 느낀 그 감정을 솔직하게 진심을 담아 고객에게 이야기하면 된다.

"부장님, 후회 없는 선택이 되실 거예요. 분명 내년에는 부장님과 회사가 달라져 있을 겁니다. 저는 정말 기대되고 그 모습이 보고 싶습니다."

또한, 감정을 터치하기 위해서는 언어와 함께 비언어적 메시지의 활용이 중요하다. 감정은 말로만 전달되지 않는다. 내 말 속에서 숨어있는 분위기, 눈빛, 호흡, 모든 몸짓과 작은 태도에서 '진심'이 전달된다. 시선 맞춤, 손동작, 경청하는 태도, 몸의 방향, 그 모두에 그 상황에서 가장 진실된 마음을 담아서 행동해야 한다.

사랑하는 연인에게 고백을 하거나 프로포즈를 할 때를 생각해 보자. 아무리 마음이 떨려도 상대와 눈을 마주치지 않고 개미 목소리로 다른 곳을 쳐다보면서 이야기하는 사람은 없을 것이다. 진심을 가장 잘 전달할 수 있는 마음으로 진지하게 이야기하면서 내 마음이 보다 잘 전달될 수 있기를 바랄 것이다.

우리의 제안서를 고객과 결혼시킨다는 마음으로, 간절하게 마음을 전달하는 말과 행동을 준비해 본다면 나만의 감성 터치 노하우를 습득하게 될 것이다.

6. 마무리

지금까지 경쟁입찰에서 '영업'이 왜 중요한지 그리고 어떻게 말해야 하는지와 관련한 '영업 화법'에 대해 살펴보았다.

화법에 있어서는 다소 일반 세일즈와 비슷하다는 인상을 느낄 수도 있는데 앞서 이야기했듯 입찰 담당자와의 기본적인 친분이 우선 중요하기 때문에 그 부분에 있어선 일반 세일즈의 화법과 크게 다르지 않을 것이다. 다만 입찰 영업은 입찰 담당자가 최종 선택권자가 아니라는 점을 잊지 말고 담당자와의 친분을 통해 도출되는 수많은 직·간접적인 정보들을 알아내 회사로 넘겨주어야 한다. 그래야 제안의 방향이 제대로 향할 수 있고 발표하는 프리젠터도 말투 하나까지도 정확한 타깃에 해당하는 모습으로 발표를 준비할 수 있기 때문이다.

세상 모든 영업이 그렇듯 입찰 영업 또한 무에서 유를 창조하는 길이다. 누구도 방법을 알려주지 않고, 누구도 100점짜리 답안지를 주지 못한다. 몇 년을 일해도 그때마다 새로운 난관에 봉착하는 것만 같을 때도 있다. 그럴 때마다 지성이면 감천이라는 마음을 새기고, 앞서 함께 살펴본 것처럼 '맨 땅에 헤딩'이라도 한다는 마음으로 회사문을 나서 보자.

멈춰 있으면 아무것도 이룰 수 있는 것이 없다. 영업이 어려운 것은 사람이 하는 일이라 정답이 없다는 것이다. 하지만 사람이 하는 일이라 반드시 얻어지는 무언가도 존재한다. 그리고 얻어진 그것은 잘 배신하지 않고 수주라는 성공의 목적을 향해 힘차게 나아가게 할 것이다.

오늘도 입찰 영업에 임하는 모든 이들에게 힘찬 건승의 응원을 보낸다.

바삭한 프로페셔널함 속 촉촉한 감수성 한 줌 넣은
길바속속 치킨 같은 디자이너, 김이오입니다.

김이오

(주)비드리머 디자이너
S사, P사, C사 포함 100여 건 자료 디자인
대학연합프레젠테이션동아리 'UnivPT' 디자인 강의

왜 꼭 내가 만들면 이상할까?
이것만 알면 성공하는
PPT 디자인 노하우

PPT를 만들기로 결심했을 때 대다수의 사람들은 검색창에 '깔끔한 PPT 템플릿'을 검색한다. 그리고 그 중 가장 그럴듯해 보이는 템플릿을 고른다. 하지만 전달해야 하는 정보가 구체적이고 정확한 경쟁입찰 PPT 는 시중의 템플릿을 써서는 안 된다. 누군가가 만들어 놓은 템플릿은 이미 레이아웃이 정해져 있기 때문이다. 내가 전달해야 하는 정보에 맞추어 레이아웃을 구성 해야 하지, 남이 만들어 놓은 레이아웃에 나의 정보를 구겨 넣어서는 안 된다. 특히 가장 전문적이고 스마트해 보여야 하는 경쟁입찰 프레젠테이션에서는 더욱 그렇다.

좋다. 템플릿 쓰면 안 되는 건 알았다. 그래서 핀터레스트나 구글에서 적당한 비즈니스용 PPT 레퍼런스를 찾아, 내가 전달해야 하는 내용에 맞추어 만들기 시작한다. 그런데 또 이상하다. 레퍼런스는 세련되고 깔끔한데, 내가 만든 것은 그렇지 못하다. 분명 비슷하게 만든 것 같은데 말이다. 왜 그럴까?

이는 다음에 설명될 내용들을 몰랐기 때문에 그렇다.

따라서 이번 챕터에서는 이러한 어려움을 겪었던 사람들을 위하여 PPT를 만들 때 알아야 하지만, 누구도 알려주지 않았던 것들에 대해 안내하려고 한다.

다음은 IR, 경쟁입찰, 회사소개서 등 100여 개의 기업용 PPT를 제작한 필자의 경험에서 우러난 노하우다.

1. PPT 제작 전 알아야 할 것들

여백

디자인을 시작하기 앞서 필수적으로 고려해야 할 것이 있다. 이는 PPT를 만드는 동안 의식적으로 신경 써야 한다.

보기 좋고 깔끔한 디자인에는 공통점이 있다. 여백이다. 사람은 개체들이 동일 선상, 동일 간격에 있을 때 시각적으로 편안함을 느낀다. 고려해야 하는 여백에는 두 가지가 있다. 슬라이드 내 여백과 개체 간 여백이다.

사진1) 슬라이드 내 여백   사진2) 개체 간 여백

슬라이드 내 여백은 사진1)의 테두리 선이 나타내고 있다. 슬라이드가 안정적으로 보이려면 개체들이 어느 정도 모서리와 동일한 간격으로 떨어져 있어야 한다.

모서리와 개체의 거리에 따라 다른 느낌을 주기도 한다. 대체로 여백이 많으면 심플하고 미니멀한 느낌을, 여백이 적으면 화려하고 꽉 찬 느낌을 준다. 나는 항상 많지도 적지도 않은 1cm정도로 설정 후 작업한다.

개체 간 여백은 사진2)의 선이 나타내고 있다. 모서리와의 여백뿐 아니라 개체들 사이의 여백이 일치해야 안정적인 느낌을 준다.

이는 하나하나 손으로 맞추기 보다 PPT 내 정렬 기능을 이용하면 더욱 편한데, 홈>정렬>맞춤에서 원하는 정렬을 설정할 수 있으며 PPT 내 기능인 빠른실행도구에 저장해두면 빠르게 찾아서 사용할 수 있다.

폰트

폰트의 종류

폰트는 PPT를 대표하는 얼굴이다. 따라서 어떤 폰트를 선택하느냐에 따라 자료의 느낌이 확연히 달라진다. 하지만 경쟁입찰 PPT에서 쓸 수 있는 폰트는 한정적이다.

아래는 경쟁입찰 PPT에서 주로 쓰이는 폰트 설명과 무료 폰트 추천이다. 당연한 얘기지만, 경쟁입찰 PPT에는 상업적 이용이 가능한 폰트를 사용해야 한다.

- 고딕체: 가장 기본적인 폰트로, 내용과 제목 등 어디에 쓰든 좋다.

- 필기체: 경쟁입찰 PPT에서 많이 사용하지는 않지만, 강조로 쓰기 좋다.

- 컨셉폰트: 내고자 하는 컨셉이 분명한 경우 소제목에 쓰면 좋다. 예를 들어, 유아를 대상으로 하는 사업의 제안서라 귀여운 느낌이 필요할 때 동그란 느낌의 글씨체를 쓰면 관련 내용이 강조된다.

고딕체	필기체	컨셉폰트
Noto Sans CJK KR 나눔바른고딕 KoPub돋움체	카페24 빛나는별 나눔손글씨 붓 777봄이조아	G마켓 산스 ㅁ옛날사진관 여기어때 잘난체

자간 설정

가독성 좋은 텍스트를 만드는 방법이 있다. 자간 설정이다.

자간이 좁아지면 내용이 한눈에 보이게 되어 더 깔끔한 느낌이 든다. 자간 설정은 텍스트 클릭 후, 문자 간격>좁게로 설정 가능하다. 더 디테일하게 설정하고 싶다면 기타 간격을 클릭해 원하는 만큼 조절할 수 있다. 아래 예시로 자간 설정 전후의 차이를 확인할 수 있다.

사진3) 자간 설정 전   사진4) 자간 설정 후

텍스트 강조하는 법

텍스트는 사진이나 아이콘보다 비교적 한눈에 읽히기 어렵다. 텍스트를 한눈에 보이게 하려면 강조해야 할 곳에 강조하는 것이 중요하다. 텍스트를 강조하는 방법은 다음과 같다.

아래로 갈수록 더욱 강조할 수 있다.

\- 굵기로 강조하기

텍스트를 어떻게 강조하냐 물으신다면, **이렇게 강조합니다.**

\- 굵기 및 색으로 강조하기

텍스트를 어떻게 강조하냐 물으신다면, 이렇게 강조합니다.

\- 필기체로 강조하기

텍스트를 어떻게 강조하냐 물으신다면, *이렇게 강조합니다.*

실행 취소, 최대 횟수 설정하기

PPT를 잘못 만들어 ctrl+z를 열심히 눌러 보았으나 일정 부분 이상 되돌려지지 않아 처음부터 다시 만들어 본 경험이 있을 것이다. 하지만 150회까지 되돌릴 수 있도록 설정할 수 있다.

한 번 설정해두면 컴퓨터를 바꾸지 않는 한 이 설정은 계속 저장 되니, 지금 설정해두고 되돌리기가 되지 않아 처음부터 만들어야 하는 불상사를 피하도록 하자.

파일>파워포인트 옵션>고급>실행취소, 최대횟수 150회로 설정

지금까지 PPT를 만들기 전 고려해야 할 것들에 대해 알아보았다. 여백을 설정하였고, 사용할 폰트를 정했으며, 유용한 기본 설정까지 마쳤다. 그럼 이제 본격적으로 PPT 슬라이드를 효과적으로 채우는 법을 알아보자.

2. 슬라이드 채우기

아이콘

아이콘은 많은 정보를 한눈에 보여주기에 효과적이어서 많은 사람들이 시각자료를 만들 때 애용한다. 하지만 아이콘을 100% 더 활용할 수 있는 방법이 있다. 참고로 플래티콘 사이트에서 무료 아이콘을 다운받을 수 있다.

한 가지 종류의 아이콘만 사용하기

아이콘은 세 가지 종류가 있다. 한 슬라이드 내 혼용하지 않고, 한 가지

만 사용하도록 주의하자. 혼용 시 통일성을 해칠 수 있다.

컬러	컬러+선	선

플래티콘에서 색상 바꾸기

플래티콘에 회원가입하면 아이콘을 원하는 색으로 바꿀 수 있다.

사진5)   사진6)

사진5) 우측 상단의 Edit Icon을 클릭하면 아이콘 원래 색상과 바꾸고 싶은 색상을 설정할 수 있다. 본인이 만들려 하는 PPT의 테마에 맞게 색상을 설정해 보자.

BONUS-슬라이드가 허전할 때 아이콘 활용하는 법

간혹 채울 내용을 다 채웠는데 슬라이드가 허전해 보인 경험이 있을 것이다. 이럴 때는 아이콘의 투명도를 낮춰 맨 뒤로 보내면 해결이 된다. 아래의 사진7)과 사진8)을 비교해봤을 때 아이콘 투명도를 설정한 사진8)에서 더욱 꽉 찬 느낌이 나는 것을 확인할 수 있다.

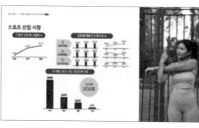
사진7) 아이콘 넣기 전

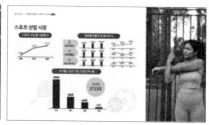
사진8) 아이콘 넣은 후

이미지

이미지는 PPT의 성격을 나타내는 가장 중요한 요소이다. 사람들은 슬라이드를 볼 때 소제목과 이미지를 가장 먼저 확인한다. 그렇기 때문에 이미지는 항상 신중하게 고려하여 선택해야 한다.

경쟁입찰 PPT의 이미지는 전문적으로 보여야 하기에 고화질이어야 하며, 영리 목적의 제작물이기 때문에 상업적으로 이용 가능해야 한다. 따라서 무료 이미지 사이트를 이용하고 구글링 시 필터를 잘 설정해야 한다. 다음은 이미지를 찾는 법과 사용하는 법에 대해 알아볼 것이다.

이미지 찾는 방법

● 무료 이미지 사이트

Pixels.com / unsplash

● 구글에서 상업적 이용 가능 필터 설정하는 법

찾고 싶은 이미지를 영어로 검색한다. 영어로 검색하는 이유는 한국어로 검색하는 것보다 검색 결과가 더 많이 나오기 때문이다. 그 후 검색창 우측 아래 도구>사용권>크리에이티브 커너즈 라이선스를 클릭하면 상업적으로 이용 가능한 이미지만 찾을 수 있다. 또한 크기>큼을 선택하면 고화질의 사진을 찾을 수 있다.

이미지 활용하기

이미지를 찾는 방법을 알았으니, 이제 활용 예를 알아보자.

● 단순한 이미지 배경으로 활용하기

사진10)

사진11)

위 PPT는 건강식 HMR 제품을 소개하는 자료이다. 따라서 건강식 느낌을 추가하기 위해 건강해 보이는 음식을 슬라이드 뒤 배경처럼 활용하였다. 이때 채도가 높은 이미지 사진을 고르는 것이 중요하다.

사진10)의 슬라이드 배경으로 활용한 이미지의 원본은 사진11)이다. 오른쪽의 음식을 어도비 포토샵으로 지운 후 활용하였다.

포토샵을 할 줄 모르는 사람도 다른 개체를 지울 필요 없는 단순한 배경들이 생각보다 많으니, 활용해 보기 바란다.

● 그라데이션으로 투명도 준 하얀 사각형과 함께 활용하기

사진12)

도형의 채우기 옵션 중 그라데이션을 활용해 이미지 위에 덮어주면 훌륭한 배경이 된다. 방법은 그라데이션 슬라이더 모두 하얀색으로 설정하고 투명도에만 차이를 두는 것이다. 해당 도형 밑에 슬라이드의 내용과 관련된 사진을 넣으면 슬라이드의 주제를 한번에 알 수 있다. 필자가 많이 사용하는 방법 중 하나이다.

● 이미지에 텍스트 더해 활용하기

사진13)

전해야 하는 정보가 2가지 이상인 슬라이드의 경우, 이미지를 위에 두고 아래에 텍스트를 넣는 것보다 이미지를 슬라이드 꽉 차게 두고 그 안에 텍스트를 넣어 보자. 이미지가 보다 크게 보여 전달력이 높아질 뿐 아니라, 이미지와 텍스트를 보기 위해 시선을 왔다 갔다 하지 않아도 되어 보는 사람으로 하여금 안정감을 느낄 수 있다.

BONUS-내용이 적어 PPT가 허전할 때 이미지 활용하는 법

앞에서 슬라이드가 허전할 때 아이콘에 투명도를 준 후 맨 뒤로 보내라고 언급하였다. 하지만 내용 자체가 적어 PPT가 허전할 때, 모든 슬라이드에 아이콘을 넣기는 어색하다.

따라서 이럴 때는 배경에 포인트를 주는 편이 좋다. 위에서 말했던 이미지 사이트에 White background를 검색 후, 투명도를 준 뒤 배경에 넣어보자. 세련된 느낌을 줄 뿐아니라 전달력을 해치지 않는 동시에 허전함을 해소할 수 있다.

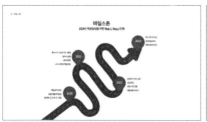

사진14) White background 넣기 전

사진15) White background 넣은 후

레이아웃-수납하기

PPT 기본 설정에 더해 이미지와 아이콘 등을 활용해 채우는 방법까지 알아보았다. 이제 배치할 차례다.

사실 이 챕터에서는 본 목차를 위해 지금까지 달려왔다고 할 수 있다. 이 책을 읽는 사람이라면 유튜브 강의나 책 등 다른 곳에서 'Z자 시선의 흐름에 따라 배치해라', '가운데 기준 선을 두고 배치해라' 등 많은 기본 지식을 익혔을 것이다. 하지만 이외에 지금까지 많은 PPT를 만들며 익힌 필자만의 팁이 있다.

책상이 여러가지 물건으로 더럽혀졌을 때 어떻게 하는가? 연필은 연필끼리, 종이는 종이끼리, 기타 사무용품은 사무용품끼리 묶어 서랍에 가지런히 넣을 것이다. 필요하다면 한눈에 볼 수 있도록 라벨링 등의 작업을 할 것이다.

PPT 디자인도 똑같다. 같은 성질을 가진 개체끼리 묶어 도형 안에 수납해야 하며, 강조되어야 할 것들은 확실히 강조해야 한다.

아직 무슨 소리인지 모르겠다면 예시를 통해 확인해 보자. 아래는 디자인 강의를 진행하며 수강자의 PPT를 직접 고쳐 본 예시이다.

사진16) 수납 전

사진17) 수납 후

사진16)의 수납 전을 보자. 이 슬라이드에서 전달하는 정보는 소제목/두 가지 설명/고용주와 고용자 간의 대화 3가지이다.

소제목은 가장 잘 보여야 하므로 폰트를 더욱 키우고 색깔로 강조를 하였다. 그 밖에 두 가지 설명/고용주와 고용자 간 대화는 도형 안에 수납하였다. 또한 첫 번째 목차에서 배운 여백도 동일하게 적용하였다. 이전보다 훨씬 깔끔하고 전달력이 높아짐을 확인할 수 있다.

지금까지 PPT 디자인의 기초에 대해 간단하게 알아 보았다. 사실 이 챕터를 완벽히 익힌다 해서 디자인 능력이 단기간에 급격히 상승하지는 않을 것이다. 하지만, 이전보다 훨씬 전문적이고 전달력 있는 PPT를 만들 수 있을 것이라 확신한다. 더 나은 디자인 능력을 갖고 싶다면 핀터레스트나 유튜브에서 다른 사람들이 만든 디자인들을 많이 보고, 따라하기도 해 보고, 무엇보다 많이 만들어보는 것을 추천한다. 경험보다 좋은 스승은 없으니 말이다.

성공하는 경쟁입찰 프레젠테이션

2023년 11월 6일 1판 1쇄 발행

지은이 비드리며
펴낸이 조금현
펴낸곳 도서출판 산지
전화 02-6954-1272
팩스 0504-134-1294
이메일 sanjibook@hanmail.net
등록번호 제309-251002018000148호

@ 최현정 2023
ISBN 979-11-91714-41-8 03320